MICHAEL STAHL

ERlebt

25 wunderbare Geschichten
aus meinem Leben

GLORYWORLD-MEDIEN

1. Auflage 2015

© 2015 Michael Stahl

© 2015 GloryWorld-Medien, Xanten, Germany

Alle Rechte vorbehalten

Bibelzitate sind, falls nicht anders gekennzeichnet, der Einheitsüberset-
zung entnommen. Weitere Bibelübersetzung: Lutherbibel, Revidierte
Fassung von 1984 (LUT).

Lektorat: Dr. Dorothea Bieneck
Satz: Manfred Mayer
Umschlaggestaltung: Rainer Zilly, www.kreativ-agentur-zilly.de
Umschlagfotos: Michael Stahl, Rainer Zilly
Druck: CPI books GmbH, Leck

Printed in Germany

ISBN: 978-3-936322-96-5

Bestellnummer: 359296

Erhältlich beim Verlag:

GloryWorld-Medien
Beit-Sahour-Str. 4
46509 Xanten
Tel.: 02801-9854003
Fax: 02801-9854004
info@gloryworld.de
www.gloryworld.de

oder in jeder Buchhandlung

Inhalt

Einleitung 7

1 Geküsste Hände 17

2 Der schönste Tag seines Lebens 21

3 Die rettende Hand 25

4 Ein himmlischer Laster 33

5 Der Anführer 39

6 Der Schrei nach Liebe 43

7 Max, der Baumeister 51

8 Die singende Putzfrau 55

9 Die offene Tür 59

10 Die Todesnachricht 61

11 Papa ist da 63

12 Fast im letzten Augenblick 65

13 Papas Schweiß 67

14 Der Blumenstrauß 69

15 Papas Bauch 73

16 Der dankbare Blinde 75

17 Sein erstes Mal 77

18 Der Fünf-Euro-Schein 79

19 Der Trotzkopf 85

20 Ein aufregender Besuch 87

21 Die Dönerbude 89

22 Der Gangster 93

23 Der Getragene 99

24 Nach 34 Jahren 105

25 Die Müllkippe 109

26 Schatztruhe 115

Nachwort 151

Zum Autor 155

Einleitung

Es ist immer wieder ein aufregendes Abenteuer, ein neues Buch zu schreiben. Wer wird es lesen, was löst es in den Menschen aus, welche Wunder entstehen dadurch? ERlebt? Ist das ein Faktum, eine Hoffnung, ein Trost? Vielleicht sogar alles auf einmal. Finde es heraus! Lies dieses Buch mit Herz und Verstand. Gehe mit mir zu den Menschen, die ohne Hoffnung waren, zu den Sprachlosen, die nun singen. Gehe ein Stück des Weges mit denen, die wunderbare Wege gegangen sind. Höre jenen zu, die einst ohne Hoffnung und Trost waren. Begleite mich an das Bett von Sterbenden, die in letzter Sekunde das Leben fanden. Vielleicht gehst auch du neue Wege und stellst frohen und dankbaren Herzens fest: ER, also Gott, lebt ja tatsächlich. ER lebt nicht nur, sondern liebt uns alle und jeden Einzelnen persönlich auf eine unbeschreibliche, wundersame Art und Weise. Ja, ER lebt, und Gott wurde von vielen Menschen erlebt.

Dieses Buch enthält viele Geschichten, die meine Freunde und ich in den letzten Jahren erlebt haben. Seit vielen Jahren sind wir in Schulen, Heimen, Gefängnissen, Gemeinden, Firmen usw. unterwegs. Dabei habe ich oft meine bewegte Lebensgeschichte erzählt. Viele sind dadurch neue Wege gegangen, hatten den Mut, um Vergebung zu bitten, und sprachen einen kleinen, aber doch sehr wertvollen Satz aus, der nur noch selten über die Lippen kommt: „Ich hab dich lieb."

Ich werde in diesem Buch über Wunderbares berichten, wobei das Wunder in uns selbst liegt. Diese ach so moderne Welt muss ja alles erklären und hat auf alles Antworten. Wer zu seinem Glauben steht, wird oft belächelt, manchmal sogar schief angeschaut. Andererseits drückt man sich in der „aufgeklärten" Welt den Daumen oder wünscht sich „toi, toi, toi", ohne den tieferen Ursprung dieser abergläubischen Bräuche zu kennen. Auch gibt es Friseure, die Haareschneiden bei Vollmond anbieten, und die doch so toll schlaue Welt rennt ihnen die Türen ein. Millionen fragen die Sterne und Karten um Rat ... richten ihre Wohnung nach bestimmten Mustern und Farben ein, weil sie sich davon Glück versprechen. Da gibt es Fußballtrainer, die bestimmte Jacken und Hemden tragen, weil sie denken, das würde den Sieg ihrer Mannschaft fördern. Energiearmbändchen, Glücksbringer, Talismane ... Millionen Menschen schwören darauf ...

Also bin ich „mal wieder" so frei und berichte von dem, der zum Glück meines Lebens wurde, von dem, der uns Menschen geschaffen hat und uns liebt. „Gott nahe zu sein ist mein Glück", so steht es in der Bibel. Gottes Liebe ist Freiheit. So viel Freiheit, dass man sie auch ablehnen kann.

Kurz bevor Jesus geboren wurde, suchten Maria und Josef eine Herberge. Doch überall sagte man ihnen dasselbe: „Wir sind schon voll." Auf unsere heutige Zeit bezogen, hat sich die Welt kaum geändert. Gott kommt den Menschen nah, klopft an die Herzenstür, doch die Welt sagt: „Wir sind schon voll, wir brauchen diesen Jesus nicht." Voll mit was? Man ist selbst Gott, hat seine eigenen Götter, seine Glücksarmbändchen, seine Horoskope und was sonst noch alles.

Wohin dann also mit diesem Jesus? Damals schickte man ihn in den Dreck. Im Stall, neben Ochs und Rind fand er Platz. Man wollte ihn nicht. Sein Name bedeutet übrigens „Gott rettet". Man schlägt die Rettung Gottes aus. Man läuft ohne ihn durchs Leben und erhofft sich bei Tausenden von Dingen Glück und Kraft. Immer und immer wieder wurde Jesus abgelehnt.

Als Pilatus dem Volk die Wahl ließ, wen er am Passahfest freilassen solle, Jesus oder Barabbas, da rief das Volk wieder: „Wir wollen diesen Jesus nicht!" Also wohin mit diesem Jesus? Hinaus nach Golgatha, auf die Müllkippe Jerusalems, hinaus in den Dreck. Ich pflege immer zu sagen: „Wenn es euch dreckig geht, dann geht zu diesem Jesus, der kennt sich aus mit Dreck."

In der Welt höre ich oft, dass alle Religionen im Prinzip an denselben Gott glauben. Ehrlich? Jesus wurde im Dreck geboren und starb im Dreck. Er heilte unzählige Menschen, behandelte die Menschen so unbeschreiblich kostbar. Er stillte den Sturm und sättigte Tausende mit fünf Broten und zwei Fischen. Er holte den Lazarus, den Jüngling aus Nain und die Tochter des Jairus vom Tod ins Leben zurück.

Er wusch seinen Freunden am Abend vor seinem Tod die Füße, obwohl er wusste, dass diese Füße weglaufen würden, um zu flüchten oder ihn zu verraten. Er wird 39-mal ausgepeitscht, man treibt Nägel in seine Hände und Füße, setzt ihm eine Dornenkrone auf und hängt ihn nackt ans Kreuz. So einen Gott gibt es tatsächlich noch einmal? Ein Gott, der so liebevoll Füße wäscht, der kommt, um zu dienen. Der den Petrus nach dessen Verleugnung besucht, ihm ein Frühstück macht und ihn dreimal fragt: „Hast du mich lieb?"

So einen Gott gibt es tatsächlich mehrmals???

In Jesaja 43 steht: *„Weil du so kostbar bist, weil ich dich als so wertvoll erachte und weil ich dich lieb habe."* Manchmal möchte ich die Bibel, die ich im Übrigen aktueller als je zuvor empfinde, in diese zwei Sätze zusammenfassen. Gott sagt uns, dass er uns lieb hat, und fragt dich und mich: „Hast du mich auch lieb?"

Ja, ich glaube, eines Tages werden wir alle vor ihm stehen und er wird uns diese Frage stellen: „Hast du mich lieb?" Ich habe eine kleine Tochter, und kaum ein Tag vergeht, an dem ich sie nicht frage: „Hast du mich lieb?" Ich weiß, dass sie mich liebt, aber ich höre es so gerne. So sind halt liebende Eltern.

Als mein Vater starb, sagte ich ihm auch, dass ich ihn liebe, und er tat so, als würde er es nicht richtig hören. Heute weiß ich, er wollte es einfach nochmals hören, weil dieses Bekenntnis so kostbar und wertvoll ist. „Ich hab dich lieb." Dieser Satz ist wunderbar und er beschert Wunder. Dieser Satz verändert unsere Welt, und wenn es „nur" die eigene kleine Welt um uns herum ist. Von einigen dieser Wunder will ich in diesem Buch berichten. Was mich sehr in meinem Leben geprägt hat, sind die Erfahrungen, die ich mit Sterbenden machte. Oft erlebte ich drei Dinge bei ihnen:

1. Sie bereuten die Dinge, die sie nie getan hatten, also dass sie ihren wahren Sehnsüchten nie bzw. kaum nachgegangen sind,

2. sie sehnten sich nach Liebe und Versöhnung und

3. sie beteten oder haben um Gebet gebeten.

Immer wieder denke ich mir, wenn das alles im Sterben so wichtig ist, dann sollten wir genau dies HEUTE tun.

Wir sollten heute das machen, was unser Herz uns sagt – um Vergebung bitten und sie gewähren, Liebe aussprechen und wieder anfangen zu beten.

Kurz bevor ich dieses Buch schrieb, unternahmen meine Familie und ich einen Ausflug mit Freunden. Wir waren auf einer großen Ruine unterwegs auf schwierigem Gelände. Ich ging voraus und war tief in Gedanken, weil es einem Freund von mir nicht gut ging. Dabei bemerkte ich nicht, dass meine Tochter (6 Jahre) an mir vorbeilief. Der Rest der Truppe dachte, ich würde nach ihr schauen, und ich dachte, der Rest der Truppe würde das tun. Wie fatal, wenn man nicht miteinander redet. Miteinander zu reden ist der größte Feind von Missverständnissen und Streit, wie ich in Vorträgen oft erwähne.

Auf einmal war meine kleine „Maus" weg. Panik entstand, unsere Herzen klopften ... alle liefen wie wild durch die Gegend und schrien den Namen meiner Tochter. Unzählige schreckliche Gedanken machten sich in meinem Kopf breit. Ich schrie nach Gott. „Gott, bitte hilf mir, hilf uns!" Alle anderen Sorgen und Nöte wurden auf einmal unbeschreiblich klein. Trotz der Sorge spürte ich eine Ruhe in mir. Ich war mitten im Chaos nicht allein. Dieser Gott, mit dem ich lebe, den ich liebe, den ich in mein Herz und in mein Leben eingeladen habe, er war und ist da.

Mitten im Sturm spürte ich seinen Frieden. Keine Worte können beschreiben, was in mir vorging. Eine unfassbare Angst, Tausende schreckliche Horrorszenarien, lähmende Gedanken, und inmitten all dieser Qual spüre ich Gottes Nähe. Ich lief wie ferngesteuert um die Ruine, mit all ihren steilen Abhängen, Schluchten und sonstigen Gefahren. Erinnerungen kamen hoch. Meine Frau und meine Tochter hatten Jahre zuvor einen grausamen

Autounfall überlebt. Ich kenne also das Gefühl, wenn es einem den Boden wegzieht. In diesen Momenten fragt man nicht die Sterne um Rat und wünscht sich auch nicht „toi, toi, toi". Das Daumengedrücke bringt auch nix, und all das, wovon Menschen sich Glück und Kraft erhoffen, erweist sich spätestens jetzt als total halt- und wertlos. In diesen Momenten zählt nur das aufrichtige Gebet: „Gott, bitte hilf mir." Wie damals auf der sinkenden Titanic, da kam man ganz zum Schluss auch auf das Wesentliche, auf die Wahrheit zurück. Dort spielte die Bordkapelle ganz zum Schluss „Näher, mein Gott, zu dir".

Wie von einer unsichtbaren Hand geführt, lief ich wie um mein Leben. Ja, meine Kinder sind mein Leben. Ich würde mein Leben für sie geben. So hat es Jesus übrigens gemacht, er gab sein Leben. Gott gab sein Leben für seine Kinder. Ich verstehe dies alles nicht bis ins letzte Detail, aber ich bin immer wieder von dieser Liebe überwältigt. Ich lief und lief, bis ich meine Tochter vor mir sah. Sie spielte und sah sich selbst gar nicht als „verloren" an. Sie ahnte nichts von all den Gefahren, in denen sie sich befunden hatte. Ich fand sie und hätte die Welt umarmen können. Sie war verloren, und ich habe sie wiedergefunden. Tränen, Glück, Dankbarkeit und unbeschreibliche Freude. Ich glaube, so könnte man die Menschen in der Welt betrachten. Sie ahnen oft gar nicht, in welcher Gefahr sie sich befinden. Welch eine Freude, wenn sie in den Armen des Vaters liegen.

Genau darum geht es in der Bibel: um die Liebe eines Vaters, des Vaters aller Väter, den himmlischen „Papa". Ein Vater, der seine Kinder sucht. Sie verließen ihn, wollten autonom sein und verachteten ihn. Die Bibel ist die Liebesgeschichte Gottes mit den Menschen. Manch einer hat vielleicht sogar ein verstaubtes Exemplar der Bibel noch irgendwo verstaut. Ich höre sehr oft, dass die Bibel auch nur von Menschen geschrieben wurde und dass ohnehin schon alles überholt sei. Sind wir uns dessen wirklich sicher? Wenn man bei Google die Worte „Wie wird man" eingibt, dann wird sofort „Wie wird man reich" angezeigt. Es gibt zig Millionen von Angeboten, Tipps und sonstigen Anregungen, wie man reich werden kann. In meinem Leben habe ich viele „Millionäre" kennengelernt. Die meisten von ihnen empfand ich gar nicht als reich, im Gegenteil. Ich sah sie oft nach ihren Aufritten, wenn die Kamera nicht mehr auf sie gerichtet war. Ich sah ihre ungeschminkten Gesichter und ihre Traurigkeit an der Hotelbar. Ich schaute in ihre leeren Augen, die voller Sehnsucht nach wahrem Reichtum waren. Oft waren es dieselben drei Dinge, die sie quälten, die ich so oft bei Sterbenden entdeckt habe.

In dieses Streben nach Reichtum in dieser Welt passt die Bibel ganz und gar nicht rein. Heute wird man erschlagen von Castingshows. Alles muss immer besser, höher, weiter, schöner sein.

Oft zählen nur noch Zahlen und Fakten. Wo bleibt da der Mensch mit all seinen Schwächen, wahren Sehnsüchten, seinem Versagen und seinen Tränen? Vor der Wahl zum Welt-Fußballer des Jahres sagte einer der Kandidaten: „Der zweite Platz ist der erste Verlierer."

Dieser Satz, von einem Vorbild gesprochen, hat Auswirkungen, und ich denke, er bestätigt, wie viele in dieser Welt denken und fühlen. Wie nah ist mir doch die Bibel. Hier lese ich nichts von Topmodelmaßen und wie man immer reicher in dieser Welt wird. NEIN, hier entdecke ich ganz andere Geschichten. Geschichten von Verlieren,

Versagern, schuldig Gewordenen, von Ausgestoßenen, Einsamen, Traurigen. Die Bibel, in einem Zeitraum von ca. 1500 Jahren von vielen verschiedenen Menschen geschrieben, folgt dem heutigen „Trend" überhaupt nicht.

War die Welt nicht schon immer so gestrickt? Höher, weiter, besser? Mitten in unsere Habgier hinein kommt so ein ganz anderes Buch. Es handelt von Verlierern, von ängstlichen Menschen, von Menschen, die enttäuscht wurden und wiederum andere enttäuschten. Hier geht es um Schwäche, Schuld und Versagen. Mit dem Wort Schuld haben heute sehr viele Menschen Probleme. Wohin mit ihr? Man verdrängt sie, flüchtet vor ihr oder betäubt sich. Doch Schuld ist allgegenwärtig. Jeden Tag befassen sich Versicherungen, Gerichte oder Psychologen millionenfach damit. Sehr wohl kennt also der wahre Verfasser der Bibel die wahren Sehnsüchte der Menschen.

Tief in uns steckt die Sehnsucht nach wahrem Reichtum, nach Befreiung von Schuld, Versagen und nach Heilung unserer Wunden. Kein Glücksbringer befreit uns davon. Verdrängen bedeutet nur, dass alles, was uns beschwert, immer noch da ist. Keiner kann sich selbst erlösen. Die Bibel ist die Geschichte Gottes mit den Menschen und beinhaltet unendlich viele Geschichten von Menschen mit Gott. Das imponiert mir zum Beispiel so sehr an den Jüngern Jesu. Jesus hat sich nicht die schlausten herausgesucht, denn dann hätte die Nachwelt behauptet, sie hätten die Menschen mit Weisheit und Klugheit überrollt. Es waren keine Krieger, sonst hätte man später vielleicht noch gemutmaßt, dass sie die Menschen eingeschüchtert und bedroht hätten. Nein, einfache Burschen waren es, die weder superschlau noch übermächtig stark waren. Im Gegenteil. Als es darauf ankam, ließen sie Jesus im Stich und hatten alle Furcht. Menschen, die versagten, wegliefen, sich versteckten, die einst voller Schuld und Scham waren, veränderten die Welt. Zu dieser Bande von Schuldigen und Ängstlichen gehöre auch ich. Wer Fehler bei mir sucht, wird sie finden. Aber ich kenne den, der alle meine Schuld und all mein Versagen ans Kreuz gebracht hat. So bin ich frei, obwohl ich noch schuldig bin und es immer wieder mal werde. Jeden Augenblick gibt uns Gott die Chance, mit ihm neu anzufangen. Ein paar Männer und Frauen, die wohl nie einen Songcontest gewonnen hätten, weder Topmodelmaße noch ein dickes Bankkonto hatten und bestimmt auch nie zur Wahl des Weltfußballers aufgestellt worden wären, haben die Welt verändert.

Dies ist ein kleiner Beitrag von mir, diese Welt ebenfalls ein wenig zu verändern. Selbst wenn es nur die Welt eines einzelnen Lesers ist. Jeder, der sich selbst ändert, verändert die Welt um sich herum.

Dieses Buch will bezeugen, dass sich nichts verändert hat. Gott ist heute derselbe, der er immer war. Er begegnet heute noch vielen Menschen durch Träume, Freunde, in der Natur, im Lächeln eines Menschen, dem Blick eines Babys, dem Regenbogen, in der Musik und durch unzählige wunderbare Erlebnisse. Von einigen dieser wunderbaren Erlebnisse werde ich hier berichten. Viele Menschen können bezeugen, dass dies alles wahr ist. Manche Namen und Angaben sind geändert, um die Personen zu schützen. Viele Menschen wurden von der Liebe Gottes berührt, wurden durch sie bewegt und bezeugen: „JA, ER lebt", weil sie ihn wahrhaft erlebt haben.

Am Ende des Buches wirst du noch eine Schatztruhe finden, in der es vieles zu entdecken gibt. Vielleicht sogar mehr, als du offensichtlich suchst.

Lies die Geschichten mit dem Herzen und bedenke, dass Gott auch dich eines Tages fragen wird: „Hast du mich lieb?" Entdecke in all diesen Erzählungen Gottes unbeschreibliche Liebe. Gestatte dir zu weinen. Weinen reinigt die Seele. In der Bibel steht: „Gott wird abwischen alle Tränen", und dass er alle Tränen, die wir weinen, in einem Krug sammelt. Welch eine unbeschreibliche Liebe, wenn ein Liebender die Träne eines geliebten Menschen auffängt. Gott hat versprochen, dass keine Träne vergebens ist. Erlaube dir zu lachen. Ich bin mir sicher, im Himmel wird eine unendliche Freude sein, da wird Lachen sein. Wer also Lachen kann, hat schon ein Stück des Himmels auf Erden.

Schön, dass du bis hierher gelesen hast, denn nun beginnt unsere Reise, eine Reise mit vielen wunderbaren Erlebnissen. Gehe mit mir an traurige, einsame und dunkle Orte, an denen es hell geworden ist. Gehe mit mir zu den Sprachlosen, die wieder sprechen, und zu den Hoffnungslosen, die wieder Hoffnung haben.

Es geht nicht um Ehre und Ruhm für uns selbst. Ohne Gott könnte ich nichts, aus mir selbst käme nichts hervor. Es geht allein um ihn und um die Tatsache, dass Gott heute noch Wunder tut, da er die Liebe ist. Gott hat nie aufgehört, uns zu lieben – NIE. Ich wünsche dir ein erfülltes Leben, ja dass ER es füllt, denn nur dann ist es wahrhaft erfüllt.

Herzlichst
Euer Michael

1 – Geküsste Hände

Vor vielen Jahren, als ich noch aktiv im Sicherheits-
dienst tätig war, hatte ich die Ehre, Nacht für Nacht eine
82-jährige Dame zu bewachen. Viele Stunden verbrach-
te ich sogar am Bett der alten Dame. Wir sprachen wirklich über Gott und die Welt. Mit der Zeit wurden unsere
Gespräche immer tiefer. Am Ende beteten wir sogar
zusammen. Nach einigen Monaten war meine Aufgabe
dort beendet. Wir verloren uns jahrelang aus den Augen.
Eines Tages erfuhr ich, dass die alte Dame an Demenz
erkrankt war. Spontan rief ich sie an, stellte jedoch zu
meinem Entsetzten fest, dass sie mich nicht mehr erkannte. Kurze Zeit später wurde ich von einer Bekann-
ten gefragt, ob ich gemeinsam mit ihr die alte Dame, die
nun kurz vor ihrem 90. Geburtstag stand, besuchen
möchte. Das ließ ich mir natürlich nicht nehmen. Wir
fuhren gemeinsam zu der einst sehr wohlhabenden und
einflussreichen Frau. Es war ein Samstagabend. Bevor
ich in ihr Haus hineinging, bat ich Gott um Beistand. Ihre
Haushälterin empfing uns an der Tür und informierte
uns über den Zustand der Frau: sie würde niemanden
mehr erkennen und habe auch seit zwei Jahren mit
niemandem mehr gesprochen.

Aufgeregt, was mich wohl erwartet, ging ich ins Haus.
Da saß sie, zusammengekümmert in einem Rollstuhl.
Der Anblick tat mir sehr weh, und doch, trotz all ihrer
Gebrechlichkeit strahlte sie Wärme und Güte aus. Ich

nahm ihre Hände und hielt sie in meinen. Ich fragte sie, ob sie mich noch kennen würde, da begann sie zu nicken. Es war unbeschreiblich, nach all den Jahren erkannte sie mich tatsächlich wieder.

Ich streichelte ihre Hände. Bevor ich weiter berichte, muss ich mein Herz offenbaren. Wenn ich solche Dinge schreibe, erlebe ich alles noch einmal und bin zutiefst berührt.

Da saßen wir nun, die Dame und ich, händchenhaltend, und meine Bekannte und die Haushälterin saßen daneben. Dann fragte ich sie: „Ist es gut, dass ich da bin?" Sie nickte. Ich wiederholte meine Frage, und dann geschah es. Sie öffnete ihren Mund und fing nach zwei Jahren wieder an zu sprechen: „Ja, das ist sehr gut." Da saßen wir drei nun und konnten es kaum fassen, ein Wunder war geschehen, oder wie soll ich das sonst nennen? Ja, ich weiß, es wird schon ein paar schlaue Erklärungen dafür geben. Eine Frau, die niemanden mehr erkannte und nicht mehr sprach, erkennt und spricht wieder.

Durch wildes Gestikulieren gab sie den beiden Damen zu verstehen, dass sie mit mir alleine sein wollte. Die beiden verließen das Zimmer. So saß ich nun da, allein mit dieser wunderbaren Lady. Dann nahm sie meine Hände und führte sie an ihr Gesicht. Tränen liefen herab, sie küsste meine Hände und benetzte mit ihren Tränen meine Hände. Nun weinte auch ich. Welch eine Geste, welch ein Moment. Diese einst einflussreiche Frau saß nun zusammengekauert in ihrem Rollstuhl. In ihr war kaum noch Leben, und doch erfüllte sie den Raum mit Liebe und Wertschätzung. Bevor ich die Dame besuchte, hatte ich ja Gott gebeten, mitzugehen.

Nach dem Unfall meiner Familie schrie ich Tage und Wochen nach Gott. Als ich meine kleine Tochter vermisste, rief ich nach ihm ... und so viele Tausende Male stieg mein Flehen zu ihm empor. Er war immer da. Ich war es, der so oft weglief. Er war treu, auch wenn ich untreu war. Er war da, als ich ging.

Ja, und nun war ER in diesem Raum. Ich fragte die Dame, ob sie spürbar mit mir beten wolle.

Unter Tränen nickte sie. So begannen wir das Vaterunser zu beten. Kaum hörbar, flüsterte sie jedes Wort mit. Sie hatte dieses großartige Gebet nie vergessen. Sie hatte fast alles vergessen – wer sie selbst ist, wer die anderen Menschen sind –, aber Gott hat sie nicht vergessen, denn er hat sie auch nie vergessen.

Es war das einzige Gebet, das Jesus uns gelehrt hat. „So sollt ihr beten." Nicht, wir *müssen,* sondern wir *sollen.* Er weiß, was gut für uns ist, lässt uns aber aus seiner Liebe heraus immer die Freiheit, alles, was er uns anbietet, auch abzulehnen.

Als wir das Gebet beendet hatten, sagte sie laut und deutlich „AMEN". Das ist das Siegel unter alle Gebete. Es bedeutet: „So sei es." „Ja, ich bestätige, das ist die Wahrheit." Ich glaube, es war eines ihrer letzten Worte, vielleicht sogar ihr letztes. Denn drei Wochen später starb sie.

Es hatte so sein müssen. Gott hat alles so eingefädelt. Unser letztes Treffen, unsere gegenseitige Wertschätzung, die Tränen und unser gemeinsames Gebet. Während ich diese Zeilen in den PC tippe, blicke ich auf meine Hände. Hände, die von dieser Dame gehalten wurden, die ihre Tränen auffingen und die geküsst wurden.

Ihre letzten Worte richtete sie zu Gott, dem Vater, und das gab ihr wahren Frieden. Frieden, den all ihr Reichtum ihr nie gegeben hatte. All die Häuser, die Autos und das ganze Geld spielten am Ende keine Rolle mehr. Am Schluss war es ein Gebet, das sie reich machte, ihr bis in alle Ewigkeit wahren Reichtum bescherte. Es ist mir eine Ehre, von dieser Dame geküsst geworden zu sein und mit ihr gebetet zu haben, bevor sie in den Himmel ging.

2 – Der schönste Tag seines Lebens

Lange war er geplant, der Besuch in einem Kinderheim. Manche sprachen von schwererziehbaren Kindern und Jugendlichen. Sie kamen aber nicht so auf die Welt. Sie hatten Sehnsucht nach Liebe, einem wärmenden Nest, nach Geborgenheit. Wenn Liebe fehlt und Entwürdigungen stattfinden, dann „zieht so mancher Mensch nicht mehr richtig mit", es ist dann also auch „schwer" ihn zu „er-ziehen".

Es war vorgesehen, mit den Kids in einer Turnhalle herumzutoben und ihnen aus meinem Leben zu berichten. Ich wurde dabei von mehreren aus meinem Team begleitet. Bereits am Parkplatz wurden wir von einigen Jungs empfangen. Zur Begrüßung gab es ein paar kritische Blicke und ein paar „nette" Worte. Da es eine christliche Einrichtung war, erzählten mir die Betreuer, dass sie für diese Veranstaltung gebetet hätten. Das war gut. Wir alle können nicht mehr als unser Bestes geben, den Rest macht ER. Als ich offen und ehrlich aus meinem Leben berichtete und auch meine Schwächen und Ängste nicht beschönigte, fingen die Kinder an, mir zu vertrauen. Wir lachten und tobten stundenlang in der Halle herum. Dann kamen wir zu einem ganz besonderen Reflexspiel, das wir mit Tennisbällen seit vielen Jahren mit unseren Teilnehmern trainieren. Es benötigt absolute Konzentration, Motorik, Koordination und eine

Riesenportion Schnelligkeit. Vor allem aber braucht es gute Gedanken, da negative uns lähmen und bremsen.

In all den Jahren schafften es nur extrem wenige Leute, diesen Ball unter bestimmten Bedingungen zu fangen. Auch an diesem Tag schaffte es fast niemand, bis auf einen. Das war Pascal. Ein Leben lang wurde er von seinem Vater geschlagen, und im Heim hatte er unter den Gleichaltrigen auch nichts zu lachen. In der Schule lief es erst recht nicht gut. Sein Leben war also voller unerfüllter Sehnsüchte, voller Gewalt und Entwürdigungen. Doch von den Betreuern erhielt er sehr viel Wertschätzung; sie waren echte Vorbilder. Die kleine Sporthalle war voll. Voll mit Teilnehmern, Erziehern, Besuchern sowie meinem Team und mir.

Auf die Frage, wer den Mut habe, das Spiel vor allen vorzumachen, da meldete er sich – der so oft verletzte, unterdrückte und doch so wunderbare Kerl.

Was würde passieren, wenn er den Ball nicht fängt, was sehr wahrscheinlich war, da sich bei diesem Spiel schon viele die Zähne ausgebissen haben. Würden sie ihn auslachen, um ihn anschließend Wochen und Monate mit seinem angeblichen Versagen zu konfrontieren?

Da stand er nun im Mittelpunkt. Ich betete im Stillen für ihn. Schon seltsam, so viel Elend auf der Welt. In vielen Teilen der Welt fehlt es an Wasser und Brot, und ich bete dafür, dass der Kerl einen kleinen Ball fängt. Es war eine atemberaubende Stille. Manche wünschten ihm sicherlich, dass er den Ball nicht fängt, damit sie wieder einen Grund hätten, ihm weh zu tun.

Ich warf den Ball über den Kopf, während er mit dem Rücken zu mir stand. Und das Unglaubliche geschah: Mit einer nie zuvor gesehenen Leichtigkeit fing dieser

Junge den Ball. Alle waren begeistert, denn keiner in der Halle hatte dies fertiggebracht. Er wollte es nochmals versuchen und fing ihn wieder und dann sogar noch ein drittes Mal. Die Halle tobte. Lachend und voller Freude lagen wir uns begeistert in den Armen. Selbst jene, die ihn so oft verletzt und belächelt hatten und vor denen er Angst hatte, klatschen ihm nun bewundernd zu. Er wurde an diesem Tag zum Helden. Am Ende des Tages belohnten wir alle Teilnehmer mit einer Urkunde und Pascal zusätzlich mit einer Medaille. Wieder klatschten alle. Einen Tag später schrieb mir Pascal eine bewegende E-Mail, in der mich ein Satz besonders beeindruckte. Pascal schrieb: „Das war der schönste Tag in meinem Leben."

Ich vermute, dass diese Aussage sehr tief beschreibt, wie sein Leben bis dahin verlaufen war. So wurde dieser Tag, an dem er dreimal den Ball fing und eine Medaille und Urkunde bekam, zum schönsten Tag seines Lebens. Kleine Gesten, ein Lob und Wertschätzung waren es, die Pascals Leben veränderten.

Dies war mein Wunsch für ihn, den ich in einem Gebet formulierte: dass er spüren soll, dass das Wunder in uns liegt, was auch immer die Welt uns angetan hat. Wir haben die Gabe, durch Wertschätzung uns selbst und die Welt um uns herum zu verändern.

Einer seiner Betreuer schrieb mir einige Tage danach, dass sich im Leben von Pascal und im Verhalten der anderen zu ihm seit diesem Tag so viel verändert habe. Auch heute haben wie noch per E-Mail Kontakt.

Er schrieb mir mal, dass er endlich weiß, was er kann, und dass, wenn er Gott und sich vertraut, er alles schaffen kann. So können wir also von diesem wunderbaren Jungen lernen.

Seine Geschichte berührt mich. Er hatte den Mut, etwas zu tun, auch auf die Gefahr hin, dass seine Leiden und seine Ausgrenzung noch schlimmer werden. Mut wird aus Liebe geboren, aus Vertrauen in Gott und in sich selbst. Pascals Mut wurde belohnt. Es war aber auch mutig von den anderen zu loben, statt weiterhin Beleidigungen auszusprechen, und mit den Händen zu klatschen, mit denen sie ihn zuvor geschlagen hatten. Mut schafft Veränderungen.

Eine kleine Aktion hatte riesige Auswirkungen. Diese Geschichte hat nicht nur die Anwesenden von damals berührt. Sie berührt weiter die Herzen der vielen, die das nun lesen, vielleicht sogar deines.

3 – Die rettende Hand

Es war ein 11. Juli. Der Todestag meines Papas. Gemeinsam mit meiner Kollegin hatte ich im Schwarzwald ein Schulprojekt und spät am Abend durfte ich noch vor Konfirmanden und ihren Eltern sprechen. Es war ein sehr heißer Tag mit weit über 30 Grad.

Die Klamotten klebten an mir. In der Schule ging es um das Thema Mobbing. Die Klasse hatte es damals ganz besonders auf einen 14-jährigen Jungen abgesehen. Er war der Kleinste und Schwächste. Da gab es einige Jungs, die es sich zur täglichen Aufgabe gemacht hatten, ihrer Phantasie freien Lauf zu lassen, wie sie dem Jungen auf vielfältige Art und Weise Schmerzen zufügen konnten.

Da ich als Kind selbst durch diese Hölle lief, wusste und fühlte ich, wie es ihm wohl jeden Tag erging. Ich kenne den schlimmsten Tag der Woche für Menschen, die in Schule und Beruf gequält werden. Viele nehmen an, es wäre der Montag, in Wahrheit ist es aber der Sonntag. Am Sonntag leiden unzählige Menschen – nicht weil wir so viele Kriege in der Welt haben, sondern weil wir Kriege in Klassenzimmern und in Büros haben. Eine seltsame Welt, in der wir leben. Sie klagt Gott für die Kriege und das Chaos an und bemerkt ihre eigene Kriegsführung in ihrem eigenen kleinen Universum nicht mehr. In der Pause nahm mich die Lehrerin beiseite und erzählte mir, dass der Junge auch zuhause wohl

Schreckliches durchmache. Kinder wie dieses machen sich kaum Gedanken, was am nächsten Tag in Mathe und Deutsch drankommt, sie fragen sich vielmehr, was man ihnen morgen wohl antun wird, wie der Schulweg sein wird und was sie in den fünf Minuten Pause erleiden müssen. Auch nach Schulschluss haben viele noch nicht ihre ersehnte Ruhe, da geht's dann im Internet weiter.

Von der Lehrerin erfuhr ich, dass der Junge bei seiner Mama wohnte. Aber was dem Jungen tatsächlich auf der Seele lag, wusste keiner. Er redete nicht über seine Gefühle, was bei Jungs und Männern nicht selten ist. Als das Projekt zu Ende war, packte ich meine Sachen und lief zum Auto. Dort blieb ich eine Weile im Auto sitzen und musste – wie so oft – erst einmal das Gehörte und Gesehene sacken lassen. Oft bete ich dann und lege das Erlebte in Gottes Hände. Ich verstehe so vieles nicht und habe gelernt, es in seine Hände zu legen. Gerade wenn es sich um Schweres handelt, kommt es nicht selten vor, dass ich ein Stück „mitleide".

Ich hätte mir so sehr gewünscht, dass sich der Junge mir anvertraut, doch leider hatte ich nicht die Gelegenheit zu einem persönlichen Gespräch. Meine Gedanken kreisten um den Jungen, als er plötzlich an meinem Auto vorbeilief. Ich wusste, es ist nie zu spät. Jetzt war die Gelegenheit da, um mit ihm von „Mann zu Mann" zu reden. Leider fehlen mehr und mehr Männer in unserer Gesellschaft. In den Kindergärten gibt es kaum Männer, in den Grundschulen auch immer weniger. Jede zweite Ehe wird geschieden, und viele Männer sind zwar körperlich anwesend, in Gedanken jedoch in der Firma oder bei nicht erfüllten Sehnsüchten; viele leiden auch an Erschöpfung.

Da saßen wir nun auf einer kleinen Steinmauer. Er wusste, dass ich ihn verstand. Ich erzählte ihm aus meinem Leben, wie oft ich als Bub traurig war. Endlich war die Zeit reif, der Junge packte aus. Ich glaube, er erzählte mir alles. Als seine Eltern noch zusammen waren, wurde er oft von seinem Vater geschlagen. Die Mutter war hilflos und litt sehr unter ihrem Mann. Als die Ehe schließlich zu Ende ging, hatte das Martyrium des Jungen jedoch noch kein Ende, da er alle zwei Wochen zum Vater „musste". Niemandem erzählte er von seinen Schmerzen und von seiner Sehnsucht nach Anerkennung, Geborgenheit und Liebe. Hinzu kam, dass die Mama kaum Geld hatte und ihrem Sohn viele Dinge nicht kaufen konnte. Aus Geldmangel konnte er an manchen Dingen nicht teilnehmen und litt dadurch zusätzlich.

Nachdem er total ausgepackt hatte, spürte ich seine Erleichterung. Endlich war es raus. Seine Situation hatte sich dadurch zwar noch nicht verändert, aber zum ersten Mal hatte er sich seinen ganzen Schmerz von der Seele geredet. Erleichtert, aber weinend, saß er mir auf der kleinen Steinmauer gegenüber. Aus den Augenwinkeln heraus sah ich die Lehrerin das Schulgebäude verlassen. Ich fragte den Jungen, ob er mir vertraute. Er nickte bestätigend. Ich nahm ihn an der Hand und ging mit ihm der Lehrerin entgegen und wir beide erzählten ihr alles. Endlich wusste sie, was dem Jungen alles auf dem Herzen lag. Ich drückte den jungen Mann, er schenkte mir ein dankbares befreites Lächeln und fuhr mit seinem Fahrrad davon. Zurück blieben die Lehrerin

und ich auf dem kleinen Schulhof; meine Kollegin warte-
te im Auto. Die Lehrerin war dankbar und versprach
mir, sich um den Jungen und auch um seine Mama zu
kümmern.

Kurz vor der Verabschiedung meinte die Lehrerin, es
sei ein Wunder, dass der Junge endlich Einblick in seine
Seele gewährt habe. Seit Jahren kämpfe sie für den
Jungen, ohne jedoch richtig an ihn heranzukommen.
Ich fragte die Lehrerin, was ihr selbst im Leben Kraft
gebe. Als wir in die Tiefe gingen, stellte sich heraus,
dass sie ihren eigenen Wert gar nicht so richtig kannte.
Ich war glücklich, sie mit ein paar Worten und Büchern
beschenken zu können. Wir umarmten uns. Ich sehe sie
noch vor mir, wie sie lächelte und uns hinterherwinkte.

Wir fuhren weiter zu unserem nächsten Ziel. Vor ca.
200 Personen durfte ich über Liebe und Vergebung
sprechen. Nach dem Vortrag wurde ich von einigen
Menschen noch umringt und es ergaben sich viele persönliche Gespräche. So ging der Tag langsam zu Ende.
Hier noch ein Lächeln, da noch ein paar Hände schüt-
teln und dann ab Richtung Heimat. Die Hitze und all das
Erlebte – die vielen traurigen Geschichten, die Tränen –
und vor allem die Gedanken an meinen verstorbenen
Vater setzten mir sehr zu. Mir wurde schwerer und
schwerer ums Herz und ich hatte noch über 300 Kilome-
ter Fahrt vor mir. Eine erdrückende Aufgabe nach dem
Erlebten mit der Sehnsucht nach meinem Papa. Also
schickte ich ein kleines Gebet in den Himmel.

Ich legte den Jungen, seine Mama, die Lehrerin sowie
einige andere Menschen in die Hände Gottes, mit der
Bitte, dass er sie behüten und leiten möge auf ihrem
weiteren Weg. Ich sagte Gott, wie es mir ging, und bat

ihn um ein kleines Zeichen. Ich fühlte mich wie jemand, der unterging und kaum noch Kraft hatte. Keine fünf Minuten später geschah etwas Unglaubliches und ich bin so froh, dass ich es mit einem Bild untermauern kann. Auf einmal hatte ich den Impuls, an der nächsten Raststätte rauszufahren. Ich traute meinen Augen kaum, denn was ich neben mir erblickte war ein gigantischer bulgarischer Truck mit dem Motiv des sinkenden Petrus.

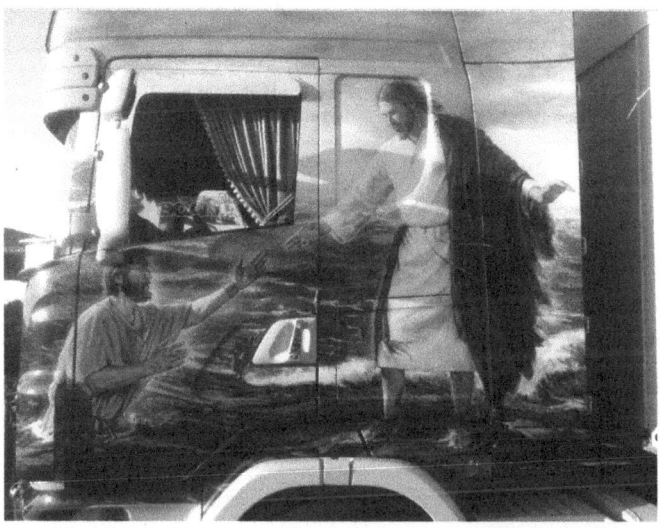

Ja, so fühlte ich mich. Wie ein Ertrinkender, der kaum noch Kraft hatte. Aus eigener Kraft schaffte es dieser Petrus nicht. Und ich in meinem Leben auch nicht. Wir alle sind auf die Hilfe eines anderen angewiesen. Viele Menschen bitten um Wunder, um Wasser und Brot, ein Dach über dem Kopf. Wir in Deutschland müssen nicht darum bitten, da die meisten von uns all dies haben. Ist es also nicht schon ein Wunder, dass wir dies alles haben?

Wem danken wir dafür? Haben wir selbst uns Hände und Füße gegeben, die sich um all dies mühten? Unsere Gedanken, unsere Phantasie? Kommt alles vom Urknall? Liebe, Verantwortung, Würde, Wertschätzung, Danken, Bitten, Genießen, Empfangen ... soll all das nur eine Verkettung unendlich vieler Zufälle sein?

Dann wäre ja letztendlich alles ohne Sinn, also sinnlos. Daran mag ich gar nicht denken, es würde eine Leere in mir erzeugen. Wir sind gewollt und geliebt. Zu dem, der uns liebt, rief ich damals am Todestag meines Vaters. Ich hatte schwere Gespräche an diesem Tag, es war heiß, und am Ende des Tages war ich müde, traurig und schwach. Ja, ich bekenne, mich ab und zu müde, traurig und schwach zu fühlen. Nicht selten werde ich schuldig und versage auch noch. Jesus jedoch erweckt Freude in mir, er ist meine Hoffnung und meine Kraft. Letztendlich nahm er mir mein allergrößtes Problem, meine Schuld. Mitten in meine Müdigkeit, Traurigkeit und Schwäche hinein reicht er mir die Hand. Ich war so begeistert, als ich neben dem Truck stand. Minutenlang stand ich faszinierend vor dem Bild. Ich hatte Gott um ein Zeichen gebeten, und fünf Minuten später stand ich vor einer gigantischen „Zeichnung".

Ich verstehe so vieles nicht, warum manches so ist wie es ist. Aber ich vertraue darauf, dass Gott einen Plan für mein Leben hat. Wie oft habe ich wohl schon seine Wunder übersehen, einfach nicht registriert oder vor Schmerz und Bockigkeit nicht wahrgenommen. Nun aber stand ich leibhaftig vor dem Wunder, um das ich gebeten hatte. Nein, ich bekam sogar mehr, als ich mir je erträumte. Was für ein Augenblick. Völlig begeistert und gestärkt fuhren wir weiter. Nach einiger Zeit entschlossen wir uns, eine weitere Rast einzulegen. Was ich auf diesem zweiten Rastplatz sah, kann ich kaum noch beschreiben. Nur wenige Meter vor mir stand ein LKW mit einem Herz-Jesus-Bild. Es war aber nicht nur irgendeines dieser Bilder, sondern jenes, das mich als 5-Jährigen zu Jesus führte. Im Schlafzimmer meiner Eltern hing damals ein DIN-A5-großes Bild, auf dem Jesus abgebildet war. Ich hatte mich als kleiner Junge gefragt, wer wohl der Mann war, der so liebevoll schaute und Löcher in den Händen hatte. Auf diese Weise wurde ich damals schon neugierig auf Jesus Christus.

Ich konnte es kaum glauben, was an jenem Todestag meines Vaters alles geschah. So viele Geschichten, Tränen, Hoffnung, Neuanfänge und Gebete, und dann diese beiden LKWs, diese beiden Bilder. Das eine Bild, das mir als Kind Hoffnung und Halt gegeben hatte, und das andere, das meinen aktuellen Zustand perfekt beschrieb.

31

Ich habe im Übrigen diese zwei Lastwagen nie wieder gesehen, außer am Todestag meines Vaters.

Was empfinde ich, wenn ich an diesen Tag denke, mit all seinen Erlebnissen und den vielen unterschiedlichen Emotionen? Ich bin zutiefst berührt. Gott lässt uns unseren freien Willen, oft bekommen wir gar nicht, was wir uns wünschen, aber dafür das, was wir brauchen. Doch in allem, was geschieht, egal, ob es unerträglich heiß oder kalt ist, ob wir kämpfen oder bekämpft werden oder ob uns das Wasser bis zum Hals steht: Gott ist da, wir sind nie allein – NIE. Auch wenn ich schon oft in meinem Leben dachte, alle hätten mich verlassen, so war es nur mein Gefühl; in Wahrheit war Gott immer da und wird es immer sein. Denn er hat mein Herz berührt und ich bin tief bewegt, da ich ihn erlebt habe, weil ER lebt.

4 – Ein himmlischer Laster

Es war an einem Mittwochvormittag, ich war mit zwei Kolleginnen auf der Autobahn unterwegs. Ein ganz normaler Tag, aber was ist schon normal. Während wir so fuhren, bemerkten wir auf einmal einen Lkw in Sichtweite. Zuerst sahen wir die Aufschrift „Jesus", was natürlich meine Neugierde weckte, und so fuhr ich dichter ran. Mit großen Lettern stand dort: „Jesus spricht: Ich bin der Weg, die Wahrheit und das Leben." Da war sie wieder, diese provokante Aussage, er allein ist der Weg, die Wahrheit und das Leben. Oh, so viele Menschen, Generationen haben sich daran geärgert. Ja, genaugenommen stand dort: Jesus ist der Weg ins Paradies, er ist das Paradies selbst. In seinen Armen zu sein, ist Paradies pur. Ja, das passt den Menschen nicht mehr. Aber gab es je einen Menschen, der Ähnliches getan hat? Der nur annähernd so liebte, so mutig war, so direkt, so gütig, so vergebend? Gab es je einen Menschen, der nur annähernd war wie er? Mir fällt keiner ein.

Wie toll! Unser Weg führte uns an diesem Tag auf die Autobahn, um diesem Truck zu begegnen. Doch nun nahm das ganze Abenteuer erst seinen Lauf. Wer sich bewusst ist, dass Gott immer an seiner Seite ist, der lebt anders, der sieht viele Dinge anders. Der weiß sich geborgen, der ist sich im Klaren darüber, dass es keine Zufälle gibt, sondern dass uns alles zufällt.

Wir wussten in diesem Augenblick, dass es ein besonderer Moment war. Nun, genaugenommen ist ja jeder Augenblick ein besonderer Moment. Aber dieser Moment war „extra" besonders, sodass er es wert ist, hier besonders erwähnt zu werden.

Zugegeben, ich bin ein sehr gemütlicher Autofahrer, besonders nach dem Unfall meiner Frau und nachdem ich selbst einen Totalschaden überlebt habe. Die Neugierde zwang mich jedoch, den Truck zu überholen. Nun konnte ich auch die seitliche Aufschrift lesen: „Ich bin mit Jesus unterwegs."

Da hatten wir etwas gemeinsam. Jesus sagte einmal: „Trachtet zuerst nach dem Reich Gottes", also nach der Stillung der wahren Sehnsucht, der Nähe zu Gott.

Trachtet zuerst nach dem Reich Gottes und nach seiner Gerechtigkeit, so wird euch das alles zufallen (Mt 6,33 LUT).

Wenn wir in seinen Armen sind, sind wir zuhause. Wenn seine Liebe uns umgibt und wir an seinem Vaterherzen geborgen sind, dann wird alles andere automatisch gut. Ich hatte nun den Wunsch, diesen Trucker zu beschenken. Aber wie? Ich bat meine Beifahrerin, sie möge doch dem Trucker Zeichen geben. Wild gestikulierend winkte sie ihm zu. Doch ich glaube, dass ihn dies zunächst verwirrte. Dann hatte meine Kollegin die Idee, auf einen Zettel zu schreiben: „PARKPLATZ RAUS."

Was für eine Aktion! Der Fahrer verstand. Der nächste Parkplatz war in Sicht, wir blinkten und bogen ab, der Truck folgte uns. Wir liefen uns entgegen, ich stellte mich vor. Was soll ich sagen, es passte von der ersten

Sekunde an. Johann heißt der gute Mann. Johann hat ein total krasses Leben hinter sich. Auch er, wie wir alle, war auf der Suche nach dem Paradies und hat es in, mit und durch Jesus gefunden. Wir beschenkten uns gegenseitig, lachten und umarmten uns, machten Bilder.

Wir fühlten uns durch diese Begegnung unglaublich beschenkt. Mitten in diese Freude hinein kam ein anderer Trucker, etwa Mitte fünfzig, auf uns zu. *„Was seid ihr für Vögel?"* Mit diesen Worten lief er auf uns zu. Was für eine freundliche Begrüßung! Ich zeigte auf die Aufschrift des Trucks und fragte ihn: *„Schau dir mal diesen Truck, diese Botschaft an, ist das nicht Freude genug?"* Verdutzt las er die Aufschrift und konterte: *„Seid ihr von den Jehovas Zeugen?"* Ich lächelte. Mit solchen und ähnlichen Bemerkungen werde ich öfters konfrontiert. Ich spürte, dass Gott uns hier alle zusammengebracht hatte. Er ist ständig dabei, unsere Sehnsucht nach dem Paradies zu stillen.

Ich fragte den Fahrer: „Was hat dich eigentlich auf den Parkplatz hierher getrieben?" Er gab folgende faszinierende Antwort: „Weil so ein Depp auf der Autobahn mich abdrängte. Ich riss das Lenkrad nach rechts. Gut, dass da ein Parkplatz war wo ich reinfahren konnte. Es war gar nicht meine Absicht, hier zu parken." Grandios, Gott nimmt das Fehlverhalten des „Depps" und schafft eine wunderbare Begegnung. Johann sprach meine Gedanken aus. Wir kannten uns nur ein paar Minuten, aber wir fühlten und dachten gleich, weil uns der eine, der uns liebt, verband und uns hier zusammenbrachte: „Gut, dass der Depp dich ausbremste, sonst wärst du jetzt gar nicht hier."

„Kann es sein, dass es dir gar nicht gut geht?", fragte ich den Mann ganz direkt. Traurig und voller Wut berichtete er, dass ihn seine Freundin betrog und er wie so oft im Leben wieder allein ist. Als ich ihn nach der Beziehung zu seinem Vater fragte, wurde er unglaublich bitter. Jede Menge Schimpfwörter hatte er für ihn parat und sagte uns, dieser sei vor neun Jahren gestorben und das sei auch besser so. Zehn Minuten dauerte unser Gespräch. Zehn Minuten, die keiner von allen Beteiligten je vergessen wird. Der traurige und verbitterte Trucker gestand, dass er seit Jahren in Therapie ist, ohne dass es hilft. Johann und ich beschenkten ihn mit Büchern, CDs und vielem mehr. Berührt stand er da und meinte: „In meinem ganzem Leben habe ich noch nie etwas geschenkt bekommen, und nun werde ich hier von Fremden beschenkt, das kann doch alles nicht wahr sein." Zum Abschluss sagte ich ihm, wie sehr Gott sich nach seiner Liebe sehnt und wie sehr er von Gott geliebt ist.

Da stand er, der Trucker, berührt und beschenkt und das alles, weil ein „Depp" ihn ausgebremst hatte. Noch zehn Minuten vorher wussten weder dieser, noch Johann, der Trucker, noch mein Team und ich, welch wundersame Begegnung wir haben würden. Völlig unverhofft bekam dieser Trucker Hoffnung. Er bekam die Hoffnung, den Weg zu finden, die Wahrheit zu entdecken und endlich neu anzufangen zu leben. Solche Wunder und Abenteuer können uns keine Glücksbringer schenken, auch keine Sterne oder Karten. Nur Gott, der uns liebt und an unserer Seite ist. Der sich nach uns sehnt, der sich danach sehnt, dass unsere wahre Sehnsucht nach ihm gestillt wird.

5 – Der Anführer

Es war in einer süddeutschen Großstadt. Ich war eingeladen von einer christlichen Jugendeinrichtung, die sich um Kids auf der Straße kümmert. In diesem Haus hatten die Kinder und Jugendlichen viele Möglichkeiten sich auszutoben. Es gab einen Turnraum, Tischkicker und vieles mehr. Außerdem gab es ein tolles Team, das stets ein offenes Ohr für jeden hatte, der danach verlangte. Über dreißig Kids und zehn Betreuer kamen auf die Einladung der Veranstalter. Bewegung und Gespräche standen auf dem Programm.

Einen ganz speziellen Teilnehmer hatten wir auch, es was Faruk, 17 Jahre alt. Er war der Anführer einer kleinen Gang und seine etwa fünf „Mann" starke Truppe hatte er mitgebracht. Ein beeindruckendes Bild, als er mit seiner Truppe den Raum betrat. Vor so viel Muskelkraft konnten sie kaum laufen. Er sah aus, als würden sie unter jedem Arm einen großen Sack Kartoffeln tragen, herrlich. Ich schaute in ihre Augen, besonders in die Augen von Faruk. Welche unbeschreibliche Sehnsucht darin lag.

Während alle anderen in ihre Übungen vertieft waren, fragte ich ihn, ob er schon eine Freundin habe. Voller Stolz verkündete er mir, dass er schon viele hatte und derzeit parallel sogar mehrere. Hier steckte die Sehnsucht nach Anerkennung verborgen. Er tat mir sehr leid. Während er wieder am Training teilnahm, lobte ich ihn mehrmals. Jedes Mal sah er mich dabei ungläubig an. Einmal legte ich sogar vor seiner Mannschaft meine Hand auf seine Schulter und sagte ihm: „Faruk, du bist ein toller Kerl." Dieser Satz saß. Ich wusste zu diesem Zeitpunkt nicht, was er in ihm auslöste, aber ich sollte es später erfahren.

Am Ende der Trainingseinheit saßen alle Teilnehmer auf dem Boden vor mir und ich erzählte meine Geschichte von meinem Vater und mir, unseren gemeinsamen Kämpfen, wie wir uns letztendlich versöhnten und wahre Freunde wurden.

Faruk saß ganz vorne, genau vor mir. Sein Blick verlor sich auf dem blauen Fußboden. Spontan fragte ich ihn vor allen anderen, den Betreuern und seiner Bande: „Faruk, wie oft hat dein Vater dich geschlagen?" Mit schwerer Stimme antwortete er: „Sehr oft." Ich hakte nach: „Wie oft hast du andere geschlagen?" Daraufhin er: „Sehr, sehr oft", und dann kam ein Satz, den ich nie vergessen werde, der mir immer und immer wieder eine Gänsehaut beschert, wenn ich daran denke oder davon berichte. „Weißt du, Michael, du bist der erste Mann in meinem ganzen Leben, der mich gelobt hat."

Eine atemberaubende Stille lag in der kleinen Halle. Hier wurde die absolute Wahrheit ausgesprochen. Gott gab sich die Ehre, er war da. All das Drumherum, die „Kartoffelsäcke" unter den Armen, die Angeberei mit den vielen Mädels, all das war nicht mehr wichtig. Es zählte nicht mehr. Jetzt ging es an den Grund der Sehnsucht. Hier stand ein wunderbarer Kerl, der sehr, sehr oft verletzt worden war und der diese Verletzungen ständig weitergab. Dadurch wurden wiederum andere verletzt, die es ebenfalls weitergeben werden. Ein „Teufelskreis"!

Alle Beteiligten waren über dies offene Bekenntnis von Faruk tief beeindruckt.

Ein Journalist, der auch dabei war, bekannte, dass er bisher nie etwas mit dem Glauben an Gott zu tun haben wollte, dass aber dieser Moment wirklich ein Wunder sei, das er sich aus seiner atheistischen Sichtweise kaum erklären könne. Ich beschenkte ihn und viele der Anwesenden mit Büchern.

Der Same wurde in die Erde gelegt, und nun braucht es viel Licht und Wasser und vor allem Liebe, wenn etwas Wunderschönes entstehen soll. Nie werde ich Faruk und seine Bande vergessen. Wir hatten noch lange per E-Mail Kontakt, und er berichtete mir, dass er sein Leben geändert hat. Ich glaube ihm, denn selten zuvor hatte ich von einem „Anführer" ein so klares Bekenntnis gehört.

Jesus sagte, dass die Wahrheit frei macht. Und Jesus sagte über sich selbst, dass er die Wahrheit ist. Also kann Jesus frei machen. Gut zu wissen bei all den Dingen, in denen wir gefangen sind.

Sorgen, Ängste, Süchte, Schuld, Scham ... uvm.

Faruk sprach ein klares Wort aus. Er bekannte seine Verletzungen, seine Sehnsüchte und seine Schuld. Das veränderte ihn und die Menschen um ihn herum.

Machen wir es ihm nach ... verändern wir uns, und unsere kleine Welt um uns herum wird sich ändern. Faruks Herz wurde von Gott berührt. Es bewegte ihn so sehr, dass er offen über Verletzung und Schuld sprach. Alle, die dabei waren, spürten, dass sie Zeugen eines Wunders wurden. Und einige von ihnen wussten danach sogar, dass Er, Gott, lebt.

6 – Der Schrei nach Liebe

Es herrschte eine dunkle und beklemmende Atmosphäre in der kleinen Turnhalle gegenüber der Schule. Ich war Gast einer Berufsschule in Ostdeutschland.

Etwa 200 Personen wurden erwartet. Schüler, Lehrer und andere Interessenten sowie einige Journalisten wollten dabei sein, wenn ich aus meinem Leben berichtete.

Die Wände waren grau und ein seltsamer Geruch lag in der Luft. Im Vorfeld begegnete ich einigen Lehrern, die mich sehr freundlich empfingen, wobei ich jedoch den Eindruck hatte, dass sie eine gewisse Hoffnungslosigkeit erfüllte. Einigen war das Herz sehr schwer, da war ich mir sicher.

Im Flur warteten viele Schüler auf die Erlaubnis, die Halle betreten zu dürfen.

Da standen sie, Schulter an Schulter, aber fast alle starrten auf ihr Handy. Kaum einer nahm die Welt um sich herum wahr, stattdessen waren alle in ihre eigene virtuelle Welt vertieft. Dann kam der Rektor und bat alle herein. Ich positionierte mich so, dass ich jeden sehen konnte, der die Halle betrat.

Noch ein kleines Gebet huschte über meine Lippen. „Möge Gott in der Halle sein, Herzen berühren, Menschen in Bewegung setzen." Manch einer sah mich an, als ob er mich fressen wollte. Ablehnung, Enttäuschung und sogar Wut meinte ich in den Blicken zu erkennen.

Wiederwillig nahmen die Zuhörer ihre Plätze ein. Manche verliehen ihrer Rebellion Ausdruck, indem sie sich ganz abseits am Rande platzierten.

Eine große Unruhe herrschte in der Halle. Unausgesprochen kam die Botschaft an: Was will uns der „Wessi" schon sagen, wir brauchen keinen Besserwisser, der versteht uns eh nicht.

Nach der Begrüßungsrede des Rektors ergriff ich das Wort. Viele tuschelten und warfen mir demonstrativ verachtende Blicke zu. Ich fing an, über mein Leben zu sprechen, über die Beziehung zu meinem Vater. Dabei spürte ich, wie es allmählich stiller und stiller wurde. Je länger ich redete, umso aufmerksamer spitzen sie ihre Ohren. Dann sprach ich über die Sehnsüchte, die alle Menschen in Bezug auf ihre Eltern haben. Der Großteil unserer Kids verbringt unzählige Stunden vor dem PC, vor einer Wii, einer Playstation oder baut imaginäre Siedlungen im Internet. Sie spielen „Fifa World Cup" vor den Kisten, aber immer seltener spielen sie Fußball im Freien, unter der Sonne, im Regen und Matsch.

Doch jedes Mal, wenn ich Jungs frage, was sie am liebsten mit ihren Vätern machen würden, bekomme ich in allen Ländern, egal, welche Bildung die Kinder haben oder aus welchem sozialen Milieu sie kommen, immer dieselben Antworten: ein Baumhaus bauen, am Lagerfeuer sitzen, Fußball spielen, campen, klettern, angeln usw.

Ich hatte es auch an diesem Tag auf dem Herzen, diese Frage zu stellen. Doch was ich dann zu hören bekam, hätte ich nie erwartet. Ein 17-Jähriger, tätowiert wohin man schaute, schrie quer durch die Halle: „Ich hasse ihn, ich würde ihm am liebsten in die Fresse schlagen."

Dieser Schrei saß. Einige waren erschrocken, aber viele nickten bestätigend, als würden sie denselben Wunsch in ihrem Herzen hegten. Er schrie aus der letzten Reihe. Ich verließ meine Position und lief zu ihm hin. Ich reichte ihm die Hand und bat ihn ganz nach vorne zu kommen. Widerwillig folgte er mir und nahm direkt vor mir in der ersten Reihe seinen neuen Platz ein. Ich bat ihn und die anderen mir nun sehr aufmerksam zuzuhören. Ich erzählte von meinem Vater, von unserem über Jahrzehnte gestörten Verhältnis und wie ich ihm eines Tages bedingungslose Liebe aussprach und ihn bat, mir meine Schuld zu vergeben. Ich berichtete, was die Versöhnung in mir auslöste, wie wir Freunde wurden und wie mein Vater und ich uns am Schluss küssen konnten. Ich erzählte vom Sterben meines Papas, wie ich ihm am offenen Sarg nochmals meine Liebe gestand, ihn streichelte und küsste und welch ein dummer, bockiger und verletzter Kerl ich doch den Großteil meines Lebens war.

Aus den anfänglich misstrauischen, zweifelnden und wütenden Jugendlichen wurden vor meinen Augen solche, die in ihren unerfüllten Sehnsüchten und mitten in ihrem Schmerz angesprochen, ja berührt wurden.

Stille herrschte in der grauen Turnhalle. Es geschah etwas, das ich nur schwer beschreiben kann. Wo kurz vorher noch ein hasserfüllter Schrei für Aufregung gesorgt hatte, war nun eine Atmosphäre der Ruhe eingekehrt. Ich fragte den jungen Mann vor allen anderen: „Kann es nicht doch sein, dass du deinen Vater in Wahrheit lieb hast?" Tränen tröpfelten auf den Boden, und kleinlaut flüsterte er: „Vielleicht."

Ich nahm ihn an der Hand und bat ihn, sich hinzustellen. Vor allen anderen hatte er noch zuvor seinen Hass bekundet. Deshalb fragte ich ihn nun vor allen sehr eindringlich, indem ich meine Hände auf seine Schultern legte und wir uns tief in die Augen sahen: „Ich frage dich nochmals: Hast du deinen Papa lieb?"

Dann geschah es. Wo wir uns in Wahrheit begegnen, wo wir über unsere eigenen Fehler berichten, wo wir über wahre Sehnsüchte, Schuld und Versagen sprechen können, dort werden Menschen berührt und vielleicht angerührt, es nachzumachen. Denn Wahrheit macht frei. Hass, Wut, unerfüllte Sehnsüchte, sich zu verstellen kostet auch Kraft.

Da stand er vor mir, meine Hände auf seinen Schultern, etwa 200 Augenpaare auf ihn gerichtet ... Im Stillen betete ich für ihn und für alle in der Halle, dass Herzen berührt werden.

Unter Tränen gestand er: „Ja, ich habe meinen Papa lieb, doch 13 Jahre hat er mich geschlagen und dann ging er." Das war also der wahre Grund. Seine Liebe wurde nicht erwidert. Sein Schreien war ein Schrei nach Liebe. Heute weiß ich, dass alle, die zerstören und quälen, in Wahrheit nach Liebe schreien.

Jesus sagt: „Liebe deine Feinde." Was muss geschehen sein, wenn Menschen zu Feinden geworden sind? Hier herrscht ein Mangel an Liebe. Dieser Mangel wird nur gestillt, indem man erst recht anderen dient und sie liebt. So, wie er es selbst getan hat. „Tut wohl denen, die euch hassen." Wenn Menschen hassen, vielleicht hat man ihnen zu wenig Gutes getan? Betet für jene, die euch fluchen. Wenn Menschen fluchen, dann setzen sie etwas in Bewegung, aber mit Sicherheit nichts Gutes.

Wenn sie fluchen und nicht beten können, warum auch immer, dann sollten wir es für sie tun. Wir wissen ja, dass viele Sterbende beten, oder dass bei großen Katastrophen und persönlichen Schicksalsschlägen Menschen damit anfangen. Sind wir aber nicht ständig vom Tod umringt oder in der Gefahr zu sterben?

Der Schrei des jungen Mannes: „Ich hasse meinen Vater und würde ihm in die Fresse schlagen", bedeutet übersetzt: „Oh, ich habe meinen Papa lieb, aber da steht so viel Enttäuschung und Schmerz zwischen uns und ich weiß nicht, wie ich damit umgehen soll."

In Wahrheit war dieser Aufschrei eine Liebeserklärung, so verrückt sich das auch anhört, aber genau das war es, eine Liebeserklärung.

Es herrschte eine tiefe Betroffenheit in der Halle. Viele weinten, nahmen sich in den Arm. Obwohl ich kein Wort über Gott gesagt habe – den will man ja kaum noch irgendwo haben –, wussten alle, dass dies etwas ganz Besonderes war, was hier stattfand.

Mir ist es immer wichtig, dass bei meinen Veranstaltungen sämtliche Vertrauenslehrer und Sozialarbeiter dabei sind, um danach mit den Teilnehmern im kleinen Kreis über das Erlebte sprechen zu können und sie ein Stück zu begleiten. Oft stelle ich aber fest, dass viele von ihnen selbst mit Wunden, Schmerzen und unerfüllten Sehnsüchten herumlaufen.

Viele öffneten sich an jenem Tag, kamen nach dem Vortrag zu mir und erzählten mir von ihren Sehnsüchten und Schmerzen. So viel Leid, so viel Schläge, Beleidigungen, so viel Trauer ... Aber wir alle waren ehrlich zueinander und gestanden uns ein, dass Drogennehmen, sich oder andere zu verletzen oder Hass, egal in welcher Form, alles nur noch schlimmer macht und den Teufelskreis verstärkt.

Die Lehrer bedankten sich, waren selbst sehr bewegt und wussten nun noch besser, warum manche Schüler so reagierten, wie sie reagierten. Sie alle schreien nach Liebe ...

Als ich zu meinem Auto lief, folgte mir ein Sozialarbeiter. Ich merkte, dass ihm das Sprechen schwerfiel. An dem, was und wie ich es sagte, erkannte er, dass ich Christ bin. Er gestand mir, dass er auch einmal an Jesus Christus geglaubt hatte, dass er aber auf Grund schwerer persönlicher Krisen sich von ihm entfernt habe. Vor Kurzem jedoch habe er Gott im Gebet um ein Zeichen gebeten, und heute habe er es bekommen. So stand der Sozialarbeiter am Ende des Tages mit Tränen vor meinem geöffneten Kofferraum. Ich ließ ihm einiges an Literatur da und drückte ihn. Noch ein Schrei nach Liebe, an meinem Kofferraum ...

Auch mit ihm blieb ich noch einige Zeit per E-Mail in Kontakt. Ich wurde sogar ein zweites Mal in die Schule eingeladen, und wieder war es besonders und wertvoll.

Ich wünsche jedem, der diese Geschichte hört oder liest, hinter „die Kulissen" zu schauen. Was steckt wirklich hinter Hass, Mobbing und Gewalt?

Hören wir doch wieder mehr mit dem Herzen und hören wir auf den, der zu unserem Herzen spricht.

Gott, der es schuf und der uns lieb hat, kennt unsere Sehnsüchte am besten, weil er sie in unser Herz gelegt hat. Was steckt hinter den meisten Süchten? Was treibt über eine Million Männer jeden Tag ins Bordell? Warum gibt es so viele Suizide? Warum leben mehr und mehr Menschen in Ängsten?

Hören wir wieder genauer hin und versuchen wir, mit den Augen Gottes zu sehen und mit seinen Ohren zu hören. Dann verstehen wir uns selbst und die anderen viel besser.

Vielleicht können wir dann auch Liebeserklärungen wieder klar aussprechen.

Gott tut es auf jeden Fall, jeden Tag, ja, jeden Augenblick. Er schaut hinter unsere Fassade, mitten ins Herz; er kennt uns durch und durch und liebt uns. Falls du jetzt denkst, dass er dich nicht liebt, dann sage ich es dir ganz speziell: „Gott liebt dich, so wie du bist, mit all deinen Geheimnissen, deiner Schuld, deinen Abgründen. Er liebt dich nicht wegen dem, was du tust oder nicht tust. Er liebt DICH, und er sehnt sich nach deiner Liebe. Er sehnt sich nach deiner Liebeserklärung und fragt jetzt auch dich: „Hast du mich lieb?"

Komm, schreie es hinaus in die Welt, den wahren Schrei nach Liebe!

7 – Max, der Baumeister

Ja, du hast richtig gelesen, Max, der Baumeister, und nicht Bob, der Baumeister. Vor einigen Jahren mussten vor meiner Sportschule unterirdisch Kabel verlegt werden. Dazu wurde Max beauftragt. Max war um die fünfzig. Ein freundlicher Zeitgenosse. Binnen kürzester Zeit waren wir ernsthaft im Gespräch und haben all das Oberflächliche abgelegt. Auf die Frage, ob er auf Gott vertraue, meinte er, er sei total anders erzogen worden und mache alles mit sich selbst aus. Im Umkehrschluss bedeutete das, dass er sehr viel mit sich herumtrug, viel mehr, als ich zu Beginn des Gespräches erahnte.

Ich spürte, dass diese Begegnung keineswegs ein Zufall war. Allein wie es dazu kam, dass letztendlich Max in meinem Hof stand, wäre schon ein eigenes Buch wert.

Als ich in seine Augen schaute, meinte ich einen tiefen Schmerz zu erkennen. Einfach so, ohne darüber nachzudenken, fragte ich ihn, was ihm beim Thema Vater in den Sinn komme.

Wir standen vor meiner Sportschule, direkt an der Straße. Viele Autos fuhren an uns vorüber, Menschen gingen vorbei, doch war es, als bliebe die Welt stehen, als ginge es nur noch um Max und um seinen Schmerz. Max war ein harter Kerl, ein rauer Bursche mit Drei-Tage-Bart und ständig mit Kippe im Mund. Die Frage aber traf sein Innerstes.

Seine Augen füllten sich mit Tränen, er versuchte sie zu vertuschen und rieb sich die Augen. Dann begann er zu erzählen. „Ja, ich habe zwei Kinder, allerdings habe ich sie seit der Wende nicht mehr gesehen, also seit über 20 Jahren ..."

Tiefe Gespräche ergaben sich und Max erzählte aus seinem Leben. Ich beschenkte ihn mit Büchern. Wir versorgten die Seele von Max, und auch sein leibliches Wohl kam nicht zu kurz. Nach ein paar Tagen, als Max ging, meinte er: „Also, mit Gott hatte ich nie was zu tun, aber was in den letzten Tagen passiert ist, kann ich nicht erklären, es scheint doch einiges an ihm dran zu sein, mal kucken was wird."

Bevor er sich verabschiedete, hinterließ er seine Signatur vor meiner Sportschule ...

Nein, Max, du lieber Kerl, auch ohne die Signatur, die Begegnung mit dir werde ich nie vergessen.

Was können wir daraus lernen? Wir können unseren Sehnsüchten nie entfliehen. Kein Verdrängen, kein Weglaufen. Sie bleiben und holen uns immer wieder ein, und ob wir schon von Gott gehört haben oder nicht, er ist da und er hat Sehnsucht nach uns. Er sehnt sich danach, unsere wahren Sehnsüchte zu stillen. Er legte sie schließlich in unser Herz und er will, dass wir nach ihm suchen.

Wer mich von ganzem Herzen sucht,
von dem lasse ich mich finden
(Jeremia 29,13).

---

8 – Die singende Putzfrau

Viele meiner Geschichten sind außergewöhnlich, ja geradezu filmreif. Es sind Märchen und Wunder. Das Wort Wunder ist hierfür am passendsten. Ist das Leben nicht selbst ein Wunder? Du, der du das liest, ja du bist auch ein Wunder. Gewollt, geliebt und WUNDERbar gemacht. Viele wissen gar nicht, wie wunderbar sie sind. Weil man wohl hauptsächlich seinen Wert davon abhängig macht, was andere Menschen von einem denken, oder man definiert sich über Leistung. So war das damals auch mit der „singenden Putzfrau".

Meine Freunde und ich gaben eine Fortbildung für Menschen im Bereich Erziehung. Danach war eine öffentliche Aktion geplant, bei der alle Jugendlichen und Erwachsenen teilnehmen konnten, die Lust dazu hatten. In der Mittagspause drängte es mich, die gegenüberliegende Kirche zu besuchen. Obwohl das vom Zeitplan her nicht passend erschien, weil das Essen fertig war, hatte ich es jedoch auf dem Herzen, kurz in die Kirche zu gehen. Meine drei Freunde begleiteten mich. So gingen wir also über die Straße und kamen zur Kirche. Die Tür stand offen. Eine junge Dame sorgte für Ordnung, sie wischte und staubsaugte und bemerkte uns zunächst nicht. Ein freundliches „Hallo" riss sie wohl aus ihren Gedanken. Nervös und ein wenig erschrocken erwiderte sie unseren Gruß. Ich fragte sie, ob sie in der Kirche auch sonst aktiv wäre, und sie meinte, sie putze hier

nicht nur, sondern singe auch bei manchen Gottes-
diensten.

Dann kam die Frage aller Fragen. Petrus wurde ja
von Jesus dreimal gefragt: „Hast du mich lieb?" Jesus
fragt nach der Liebe, die wir für ihn haben. Er fragt nicht
danach, was wir leisten, was andere denken oder welche
Konfession man hat, sondern er fragt nach der Liebe.
Also fragte ich die junge Dame: „Hast du Jesus lieb?"
Verdutzt schaute sie mich an. Sie meinte, sie habe mit
Gott eigentlich kaum was zu tun. Dann fragte ich sie, ob
sie weiß, wie wertvoll sie ist. Auch das wusste sie nicht.
So ein tolles Mädchen, dachte ich mir, die demütig hier
putzt und anderen mit Gesang wohl viel Freude macht.
Durch Putzen und Singen diente sie. Da ich nun gese-
hen hatte, wie toll sie putzen kann, fragte ich sie, ob sie
Lust hätte, etwas zu singen. Um ehrlich zu sein: Ich hätte
nie gedacht, dass sie das tun würde.

Doch das Wunder nahm seinen Lauf. Sie setzte sich
an das vorhandene Keyboard und spielte „Näher, mein
Gott, zu dir". Es war unbeschreiblich. Eine gute Freundin, die dabei war und erst Monate zuvor ihre kleine
Tochter bei einem Autounfall verloren hatte, war an
diesem Tag mit dabei. Da saßen wir nun und hörten der
singenden Putzfrau zu. Tränen füllten unsere Augen. Es
berührte uns so sehr. Dieses Privatkonzert werden wir
nie vergessen. Nun wussten wir, warum wir dem Drän-
gen unseres Herzen gefolgt waren, da wir die singende
Putzfrau ein paar Minuten später nicht mehr angetroffen
hätten.

Ich sagte ihr zum Abschied, dass wir später ein Projekt hätten und sie gerne dazukommen könne, und ich
versuchte ihr ein wenig zu erklären, wie sehr Gott sie lieb

hat. Sichtlich berührt stand sie nun inmitten der Kirche. Wir alle drückten sie kurz beim Verlassen. Doch es war kein Abschied für immer. Denn zwei Stunden später war sie da und lauschte meinem Vortrag.

Am Ende fragte ich sie im Stillen, ob sie sich vorstellen könne, vor allen hier zu singen. Sie strahlte mich an, spürte meine Wertschätzung und tat das fast Unvorstellbare. „Zufällig" stand ein Klavier im Raum und sie begann über die Nähe Gottes zu singen. Ein Mensch, der nie Gottes Nähe suchte, sang über die Sehnsucht von vielen. Im Sterben schreit man nach seiner Nähe. In Katastrophen und bei schweren Schicksalsschlägen ruft man ihn an. Der kleine Raum war überfüllt mit Menschen. Sie sang so wunderbar und viele Herzen wurden zutiefst berührt. Als wir uns an diesem Abend verabschiedeten, drückte sie uns noch eine CD mit einigen Liedern in die Hand, die sie privat aufgenommen hatte. Auf der Heimfahrt lief die CD rauf und runter. Das Mädel besaß so viel Liebe und wusste nicht, von wem. Sie hatte so viele Gaben und Geschenke von Gott bekommen und kannte den Absender nicht. Doch dies änderte sich. Wenige Tage später schickte sie uns einen handschriftlichen Brief. Sie hörte auf, sich nur über Leistung zu definieren und was andere über sie denken. Sie begann an Gott zu glauben und verspürte eine nie erlebte Liebe und Freiheit. Sie weiß nun, dass sie geliebt und wertvoll ist, so wie sie ist, unabhängig davon, was sie tut oder nicht tut. Die Begegnung in der Kirche hat ihr Leben verändert. Ihre Lieder trösten noch heute die junge Mutter, die ihre Tochter verloren hatte.

Ich habe auf unendlich viele Fragen keine Antworten. Doch wir sollten Gott in unser Herz einladen und dann unserem Herzen, also Gott, folgen. Ein verspätetes Mittagessen, der spontane Besuch in einer Kirche. Die spontane Aufforderung zu singen, Wertschätzung aussprechen, mutige Schritte gehen. All dies und noch etliches mehr hat an diesem Tag viele Menschen berührt und tief bewegt, und sie haben erlebt, dass ER lebt.

9 – Die offene Tür

Eines Tages saß ich vor einem Vortrag in einer Imbiss-
stube und beobachtete aus der Ferne eine Gruppe junger Rechtsradikaler. Allzu viel Zeit hatte ich nicht. Besorgt schaute ich ihrem grölenden und saufenden Treiben zu. Neben dem Imbiss war ein Getränkemarkt und
einer von ihnen holte „Nachschub" an Bier. Ich fing an
für die jungen Menschen (ein Mädchen war auch dabei)
zu beten und bat Gott, mir eine Tür aufzumachen.

Inzwischen stand ich vor dem Imbiss und der junge
Mann war verschwunden. Ich wollte gerade gehen, als
ich von ferne das Klappern von Flaschen hörte. Ich traute
meinen Augen nicht: Er und ein Kumpane schleiften um
die zwanzig leere Bierflaschen zurück zum Getränkehan-
del. Er lief direkt auf mich zu und sprach mich an: „Hey
Mann, kannst du mal meine Kippe halten?" und streckte
mir seinen Mund entgegen, in dem noch die „Kippe"
steckte. Ich nahm sie ihm ab, und er ging mit seinem
Freund in den Laden, um die Flaschen abzugeben. Da
stand ich nun vor dem Laden mit der Kippe in der Hand.
Stunden zuvor hatte ich in dem Ort zu Schülern gesprochen und gesagt, sie sollten nicht rauchen und nicht sau-
fen, und nun dieses Bild! Michael Stahl, der absolute Anti-
raucher mit einer Kippe vor einem Bierladen ☺

Fünf Minuten vorher hatte ich Gott gebeten, er möge
mir eine Tür bei den Jungs aufmachen, und nun durfte
ich die Kippe des Anführers halten.

Als die beiden rauskamen, kamen wir gleich ins Gespräch. Es war unendlich tief. Sie berichteten mir von ihrem kaputten Leben, ihren Verletzungen, ihren zerstörten Familien. Ich ließ es mir nicht nehmen, ihnen zu sagen, wie sehr sie Gott liebt. Der Anführer kämpfte mit den Tränen, ich gab ihm ein Büchlein und wir drückten uns zum Abschied. Während wir uns in den Arm nahmen, weinte er.

Selbst jetzt beim Schreiben bin ich noch total berührt. Gott hat mir hammermäßig die Tür aufgetan. Menschen, die Gott nicht kennen und lieben, werden die Augenbrauen hochziehen und lächeln, vielleicht sogar lästern. Das verstehe ich sehr gut; es ist wirklich unglaublich. Bittet Gott doch einfach auch einmal, euch eine Tür aufzumachen. Das Ganze geht aber nur mit Vertrauen, und im Vertrauen ist Liebe ...

Der Schlüssel ist Gott zu lieben ...

„Gott ist Liebe."

Ich wünsche euch offene Türen ...

Jesus sagt: „Siehe, ich stehe vor deiner (Herzens-)Tür. Wer mich einlässt, bei dem werde ich bleiben in Ewigkeit."

---

10 – Die Todesnachricht

Da stand er vor mir, der alte Mann mit dem Tropfen an seiner Nasenspitze. Er erinnerte mich sehr an meinen Opa. In den kalten Monaten hing oft ein Tropfen an Opas Nase. Ich bin sehr gerne mit „Alten" zusammen. Sie haben viel erlebt und haben für die Jüngeren oft manch guten Rat. Sehr gerne lausche ich ihren Geschichten. Doch dieser Mann bekam kurz nach einem Vortrag von mir die wohl schlimmste Nachricht seines Lebens. Man teilte ihm mit, seine geliebte Frau, die seit langem im Krankenhaus lag, würde im Sterben liegen.

Er weinte bitterlich und lag einige Zeit in meinen Armen. Ich hielt ihn fest. Dann fragte ich ihn, ob er an Gott glaube. Mitten in seinem Schmerz sagte er dann Folgendes: „Wir haben ein Leben lang auf Jesus Christus vertraut, und dann werden wir das auch im Sterben tun." Bevor er ins Krankenhaus zu seiner sterbenden Frau ging, beteten wir gemeinsam. Über 50 Jahre war er mit ihr verheiratet.

Wenn man an einem Bahnhof oder auf dem Flughafen Reisende fragen würde, wohin die Reise geht, würde jeder genau Bescheid wissen, wohin der Zug oder das Flugzeug ihn bringen wird. Doch viele Menschen wissen nicht, wo ihre Lebensreise eines Tages enden wird. Zugvögel wissen, dass sie dorthin ziehen, wo es besser und wärmer ist. Dieser Mann wusste genau, wohin die Reise seiner Frau nun ging und wohin seine eines Tages ebenfalls gehen würde. Mich hat dieser Mann zutiefst beeindruckt, der mitten in der schlimmsten Nachricht seines Lebens seine Hoffnung auf Jesus richtete.

Er schrie in der Dunkelheit zuerst zu dem, der sagte: „Ich bin das Licht der Welt." Als er vor Schmerz umzukippen drohte, rief er nach dem, der sagt: „Ich lasse dich nicht fallen und verlasse dich nicht."

Dieser Mann hat mich tief berührt, mein Herz bewegt. Es ist gut zu wissen, dass ER (Jesus) lebt, denn sein Grab ist leer und mit ihm dürfen auch wir leben.

11 – Papa ist da

Während einer Trainingseinheit erlebte ich etwas Lustiges, aber vor allem auch eine „hammerwertvolle" Botschaft.

Dort sagte ich kleinen Kindern, es sei absolut okay, wenn man auch mal abhaut. Kein Kind sollte gegen Erwachsene kämpfen und auch nicht, wenn andere in der Mehrzahl sind.

Ich schaute einen 6-Jährigen an und fragte ihn, was er tun würde, wenn ein Mann ihn bedrohen würde. Da meinte er: „Wenn mein Papa da ist, habe ich keine Angst." Er sagte das so liebevoll. Wir lachten, aber ich spürte die Macht in den Worten des kleinen Jungen.

Ja, wenn der Papa da ist, gibt das Sicherheit, Identität und Stärke. Da ist Trost und Hoffnung.

Wenn Papa da ist, kann man einiges wagen.

Als Jesus auf die Erde kam, war genau dies seine Absicht, uns den himmlischen Papa zu zeigen. Das unfassbare Geschenk, die Liebe des Papas und die Gewissheit, dass wir nie allein sind.

So durfte ich das in meinem eigenen Leben erfahren.

In den Krisen und dunklen Stunden meines Lebens war mein himmlischer Papa da. Wenn ich in Gefängnisse, zu Obdachlosen, Suchtkranken oder in Universitäten gehe oder wenn ich vor Politikern sprechen darf, muss ich niemals Angst haben, weil Papa da ist.

Der kleine Junge erinnert mich wieder daran: „Wenn Papa da ist, kann ich mutig sein. Er steht mir bei, er lässt mich nie im Stich."

Von diesem kleinen Jungen kann die ganze Welt etwas lernen!

12 – Fast im letzten Augenblick

Diese Nachricht zu lesen, war einer von den Momenten, die mich immer wieder antreiben, in die Welt hinauszugehen, um von meinen Erlebnissen zu berichten, damit Menschen in Bewegung kommen und selbst erleben, wie dadurch Leben verändert wird. Diese E-Mail trieb mir Tränen in die Augen.

Darin bedankte sich ein Mann bei mir für einen Vortrag, in dem es darum ging, wie wichtig es ist, seinen Eltern die Liebe auszusprechen. Egal, wie alt man ist und wie alt die Eltern sind.

In der E-Mail schrieb er, dass er seine Liebe nie ausgesprochen hatte und dass er nach dem Vortrag zu seinem Vater ging und dies das erste Mal in seinem Leben tat. Eine Woche später erlitt sein Vater einen Schlaganfall, fiel ins Koma und verstarb nach wenigen Tagen.

„Ich bin unendlich traurig über den Verlust, aber ich bin dankbar, dass ich ihm noch sagen konnte, wie sehr ich ihn liebe. Nun bin ich frei, auch wenn ich traurig bin."

Wie steht es bei dir? Wem solltest du noch die Liebe aussprechen? Deinen Eltern, Geschwistern, Kindern, Frau, Mann, Freund, Freundin, Nachbarn, Kollegen oder sonst jemand? Bist du frei?

Vielleicht hat diese Geschichte dich berührt und bringt dich in Bewegung.

Auf was warten wir? Wir wissen nicht, wie viele Gelegenheiten sich noch bieten, dies zu tun.

Vielleicht haben wir den letzten Augenblick auch schon verpasst. An dem, was vergangen ist, können wir nichts mehr ändern. Aber jetzt kann etwas Neues beginnen. Es liegt an dir, die Welt ein wenig zu verändern. Verpasse den Augenblick nicht.

Ich selbst habe schon einige verpasst. Es ist traurig und schrecklich. Wie gut zu wissen und darauf zu vertrauen, dass Jesus nicht nur für alles Schlechte gestorben ist, das wir getan haben, sondern auch für das, was wir versäumt haben. Jesus gab sein Leben auch für die Liebe, die wir nicht gelebt und gegeben haben.

Schaffe neue, besondere, unvergessliche Augenblicke. Heute noch ... „Denn wer morgen nach Frieden sucht, lebt heute noch im Krieg."

13 – Papas Schweiß

In manchen Menschen arbeitet es, wenn ich von meiner „Versöhnung" mit meinem Vater berichte. Von dem Wunder, um Vergebung zu bitten, unabhängig von der Schuld des anderen, wenn man einfach bedingungslose Liebe ausspricht. So war es auch bei diesem Mann, der mich nach einem Vortrag ansprach und mir mitteilte, dass er vor einiger Zeit einen Vortrag von mir auf CD angehört habe und dass es seitdem mächtig in ihm arbeite. Obwohl er kein schlechtes Verhältnis zu seinem Vater hatte, gab es das nicht, sich Liebe zuzusprechen. Nach der CD sagte er sich, wenn ich es jetzt nicht mache, dann mache ich es vielleicht nie. Er nahm all seinen Mut zusammen, betete, ging zu seinem Vater und sagte ihm diesen einfachen Satz, mit dem sich die Welt so schwertut. Ein Satz, der Menschen verändert und Freiheit schenkt: „Ich hab dich lieb."

Im Fall dieses Mannes kam noch das Wort „Papa" hinzu. „Papa, ich hab dich lieb." Kinder bleiben immer die Kinder ihrer Eltern, unabhängig von Titel, Alter oder sonst was, und Mamas und Papas bleiben Mama und Papa, egal wie groß ihre „Kleinen" sind. Ausgerüstet mit der mächtigsten Waffe der Welt, der Liebe, ging der Sohn zum Vater und brachte ihm seine Wertschätzung entgegen, indem er aussprach, was er nie zuvor getan hatte.

Vater und Sohn lagen sich daraufhin weinend in den Armen.

Da beide gerne an Autos bastelten, beschlossen sie, nun mehr Zeit miteinander zu verbringen und zusammen an einem Auto zu werkeln. Bald lagen beide unter dem Auto. Es war heiß.

Tief bewegt beschrieb mir der Mann seine Gefühle: „Da lag ich nun mit meinem Papa unter dem Auto. Schulter an Schulter. Ich roch den Schweiß meines Vaters und genoss es, an meinem Vater zu kleben. Das Auto war nicht mehr wichtig, sondern nur noch die Nähe meines Vaters. Dort unter dem Auto gaben mir der Geruch des Schweißes meines Vaters und das Aneinander-Kleben etwas, was ich nie gekannt habe. Dort unter dem Auto wurden meine tiefsten Sehnsüchte gestillt, dort bin ich vollends zum Mann geworden.

Die Nähe des Vaters stillte die wahre Sehnsucht des Mannes und die des Vaters gleich mit. Das Einander-Spüren und -Genießen unter dem Auto unterstrich das, was der Sohn dem Vater gesagt hatte. „Ich hab dich lieb." Oft wartet jeder darauf, dass der andere kommt. Doch letztendlich sollte einer den Anfang machen. Bedingungslose Liebe erwartet gar nichts, aber sie hofft alles. Ein Herz sollte berührt werden und in Bewegung kommen, um zu erleben, was die beiden erlebten. Gott lag zusammen mit den beiden unter dem Auto. Dort, wo er ist, beginnt der Himmel ...

Trotz der Hitze, des Schmutzes und des Geruchs, es muss himmlisch unter dem Auto gewesen sein ...

14 – Der Blumenstrauß

Am Ende eines ganztägigen Schulprojektes, das mit einem Elternabend ausklang, überreichte mir der Schulleiter einen großen Blumenstrauß. Er meinte, es sei zwar nicht üblich, einem Mann Blumen zu schenken, aber er habe es auf seinem Herzen. So traten wir, meine Kollegin und ich, die Heimreise an. Viele Ereignisse des Tages gingen noch durch mein Köpfchen. Ich steuerte mein Auto durch die ostdeutsche Großstadt. Es war Nacht, ich war ein wenig müde und hatte noch viele Stunden Fahrt vor mir, weshalb ich beschloss, bei der nächsten Tankstelle noch zu tanken und mir einen Kaffee zu holen.

Kaum ging mir der Gedanke durch den Kopf, als auch schon eine Tankstelle vor mir auftauchte. Ja, hier sollte ich rausfahren, und dies tat ich dann auch.

Meine Kollegin und ich betraten die große Tankstelle. Wir waren die einzigen Kunden.

Eine freundliche, aber verbitterte Frau, Mitte fünfzig, bediente uns. Plötzlich sah ich eine Zeitschrift vor mir, mit dem Titel „Väter". Da sagte ich der Dame, dass ich eben zu diesem Thema einen Vortrag gehalten hätte. Sie wurde neugierig und hakte nach, was der Inhalt des Vortrags gewesen sei.

Ich erklärte ihr, dass so viele Väter nicht mehr da sind, dass jedes Kind große Sehnsucht nach Mama und Papa hat, auch wenn die Welt es manchmal anders sieht. Dass viele Männer zwar physisch da sind, aber mit ihren Gedanken ganz woanders bzw. in traurigen Gedanken gefangen sind. Da fing sie an zu weinen. Es war unbeschreiblich.

Meine Kollegin nahm sie in den Arm. Mir fiel auf, dass kein einziges Auto in die Tankstelle fuhr, und spürte, es musste so sein. Die Frau erzählte uns, sie habe mehrere Kinder und habe sich eines Tages von ihrem Mann scheiden lassen, woraufhin dieser sich das Leben nahm. Sie selbst hatte auch keine schöne Kindheit und kaum gute Gedanken an ihren Vater. Dann erzählte ich ihr von Gott, dem Vater. Da fingen ihre Augen an zu leuchten. Sie erzählte uns, dass sie in der letzter Zeit zu beten angefangen und Gott ihr Leid geklagt habe. Sie hatte ihn, den Vater aller Väter, um ein Zeichen gebeten. Nun wusste ich, was ich zu tun hatte. Ich ging raus zum Auto. Immer noch waren wir allein. Es war eine belebte Hauptstraße, doch kein einziges Auto wollte sich auftanken lassen. Bewaffnet mit einem Blumenstrauß und meinem Buch „Vater-Sehnsucht" ging ich zurück und beschenkte die weinende Frau mit beidem.

Jetzt liefen noch mehr Tränen. Sie meinte, sie sei noch nie so geehrt worden. Ich sagte ihr, dies sei ein Gruß von Gott mit der Botschaft, dass sie sich von ihm wertgeschätzt und geehrt fühlen soll, dass er sie nie vergessen hat, dass es sie sehr lieb hat. Ich nahm sie in die Arme, auch meine Kollegin drückte sie lange. Aus dem weinenden Gesicht wurde ein strahlendes. So etwas habe sie noch nie erlebt, meinte sie beim Abschied. Mit dem Blumenstrauß in der Hand winkte sie uns noch lange hinterher. Als ich wegfuhr, sah ich im Rückspiegel, dass ein Auto in die Tankstelle einbog. Das war perfektes Timing. Der Rektor hatte es auf dem Herzen, mir Blumen zu schenken, ich musste tanken und mit einem Kaffee meiner Müdigkeit abhelfen. All das musste geschehen, um dieses Wunder zu erleben.

Wunder über Wunder mussten zuvor geschehen, um dieses Wunder zu erleben. Die Dame hat Gott um ein Zeichen gebeten. Wir alle wurden in dieser Nacht zutiefst berührt, Gott hat mich bewegt, dort zum Tanken zu gehen. Wir haben mitten in der Nacht in einer ostdeutschen Tankstelle erlebt, dass ER lebt. Beim Schreiben, jetzt und hier, sehe ich die Frau mit dem Blumenstrauß in der Hand winkend hinter der Theke. Ich sehe ihr Lächeln. Ja, sie selbst wurde aufgetankt. Sie hat neu getankt und sogar gedankt. Was ist mit dir? Wo tankst du auf? Wem dankst du?

Wem könntest du heute noch die Liebe Gottes bringen? Wen könntest du heute noch mit Wertschätzung beschenken und dich dabei selbst beschenken?

Erlebe das Wunder, wie Menschen berührt werden und dadurch in Bewegung kommen und Wunder erleben. Es geschehen heute noch viele Wunder in der Welt, vielleicht sogar noch heute in deiner eigenen kleinen Welt. Die Welt rüstet immer mehr auf. Kriege wohin man schaut. So viel Chaos. Bewaffne dich doch heute noch mit einem Blumenstrauß und einem Lächeln, einer liebevollen Geste, einem Danke, einer Umarmung ... was immer dein Herz dir sagt.

Folge deiner Sehnsucht nach Frieden, nach Geborgenheit, nach Liebe ... folge deinem Herzen.

15 – Papas Bauch

Da saßen sie nun um das Lagerfeuer und lauschten meinen Worten. Ich spürte, dass so mancher von den jungen Erwachsenen eine tiefe Sehnsucht nach Elternliebe hatte. Es war eine besondere Atmosphäre, am Feuer einen Vortrag zu halten. Die Zuhörer vor mir und im Rücken ein großes Feuer.

Kaum war der Vortrag zu Ende, als mich ein junger Mann auf die Seite nahm. Ein unglaubliches Bekenntnis folgte. „Du hast recht in allem", meinte er. „Ich habe meinen Vater nie geehrt und nie respektiert. Als er starb, war ich bei ihm, ich klammerte mich an ihn, und selbst eine Stunde nach seinem Tod lag ich immer noch auf seinem Bauch. Niemand weiß, wie es wirklich in mir aussieht. In Wahrheit tut es mir weh, dass ich die Liebe zu meinem Vater weder ihm gestanden noch mir selbst eingestanden habe. Nun bin ich bitter und im Prinzip trage ich eine Maske und keiner soll wissen, wie ich wirklich bin."

Ja, so waren seine Worte. Masken tragen kostet Kraft. Sich ständig zu verstellen, sich zu verbiegen, zehrt an unseren Kräften.

Welches wunderbare und ehrliche Bekenntnis. Was ist mit dir, trägst du auch noch eine Maske? Falls du bitter bist, warum? Was könntest du heute noch tun?

Auf Papas Bauch wollte er sein, und im Prinzip möchte er es heute noch. Falls du noch Eltern hast, „schnapp dir ihren Bauch" bzw. suche ihre Nähe. Falls du Kinder hast, lade sie ein an den Ort, wo ein Stück Sehnsucht gestillt wird, ganz nah zu dir, wenn es sein muss auch auf deinen Bauch.

Selbst einer meiner besten Freunde hat dies erlebt. Als sein Vater starb, war er bei ihm im Krankenhaus. Mit seinen Klamotten lag er bei seinem Vater im Bett und dieser lag in seinen Armen. Obwohl zwischen ihnen mal eine große Distanz war, waren sie sich jetzt ganz nahe. Sein Vater war Atheist. Am Abend rief mich mein Freund mit folgenden Worten an: „Heute starb der erste Held meines Lebens. In den letzten Atemzügen beteten wir gemeinsam ‚Der Herr ist meine Hirte'. Als er starb, lag ich auf seinem Bauch und hielt mich an ihm fest."

Ich finde kaum Worte, um diesen Zeilen gerecht zu werden. Sie berühren mich und ich hoffe, Menschen kommen in Bewegung und erleben ähnliche Wunder.

16 – Der dankbare Blinde

Es war ein Sonntagmorgen, ich durfte irgendwo in Deutschland in einem Gottesdienst sprechen.

Danach lud der Pastor die ganze Gemeinde zum Kaffee ins Foyer ein. Viele folgten dieser Einladung, meine Freunde und ich auch. Da bahnte sich ein Blinder mit seinem Stock den Weg zu mir. Berührt im wahrsten Sinne des Wortes war ich von ihm. Er betastete mit folgenden Worten mein Gesicht und meine Hände. „Ich möchte den Menschen spüren, der uns von Gottes Liebe so liebevoll berichtet hat."

Ich war so was von berührt, in jeglicher Hinsicht. Ich denke, er war so um die fünfzig. Seine Frau war ebenfalls blind und gemeinsam zogen sie mehrere sehende Kinder auf, die heute schon erwachsen sind. Es lag mir auf dem Herzen, ihn Folgendes zu fragen: „Sag mal, wie ist es mit einer Blindheit und der Liebe zu Christus?" Er fing an zu lächeln und antwortete mir fröhlich, ja, du hast richtig gelesen, fröhlich: „Weißt du, was sind schon 70 oder 80 Jahre in Dunkelheit, wenn ich doch in Ewigkeit die Herrlichkeit Gottes sehen darf, und weißt du, das mit dem Blindsein hat auch seine Vorteile: Ich muss mir vieles Schreckliche in dieser Welt nicht ansehen."

Da stand ich nun, der „Sehende", der immer wieder einmal undankbar ist und mit Gott hadert, dem fröhlichen, blinden Mann gegenüber, der noch nie seine Frau und seine Kinder gesehen hat. Er kennt keine Farben, hat noch nie einen romantischen Sonnenuntergang oder einen Regenbogen bestaunt, nie die Herrlichkeit der Schöpfung gesehen und war dankbarer als die meisten, die sehen können.

Mich hat dieser Mann sehr beeindruckt. Seine Liebe ist unbeschreiblich, oder wie siehst du das?

17 – Sein erstes Mal

Eines Tages bekam ich eine E-Mail von einem Mann, der nach einem Vortrag seinem 81-jährigen Vater zum ersten Mal Liebe aussprach und ihn dabei in die Arme nahm.

Folgenden Satz schrieb er dazu: „Endlich, der Moment. Ich nahm meinen Vater in die Arme und sagte ihm, dass ich ihn liebe. Seither fühle ich mich irgendwie befreit und glücklich. Ich sah in strahlende Augen und spürte die Wärme, die sich ausbreitete - ein schönes Gefühl."

Sie haben sich in Liebe berührt, kamen in Bewegung und dabei einander so nahe.

Während ich diese Zeilen schreibe, scheint die Sonne durch mein Bürofenster, was an diesem Tag etwas Besonderes ist. Es hat den ganzen Tag über geregnet und geschneit und der Himmel war grau in grau. Doch während ich die Liebeserklärung des Mannes eintippe, wird mein Büro von den Strahlen der Sonne durchflutet. Ein bewegender Moment für mich, während ich über diese innigen Zeilen des Mannes schreibe.

Der Mann schrieb von Befreiung und Glück, als er seinen Vater in die Arme nahm und ihm seine Liebe aussprach, und er schreib von strahlenden Augen und Wärme. Die Sonne strahlt gerade in mein Gesicht und wärmt es angenehm. Was für ein Geschenk, das der

Sohn seinem Vater gemacht hat, und welch ein Geschenk eben in meinem Büro.

Welcher Person kannst du ein Strahlen und Wärme schenken und sie und dich dabei glücklich machen?

Diese Welt braucht dringend Menschen, die Mauern überwinden, aufeinander zugehen, sich die Hand geben, sich in den Arm nehmen – Vergebung und Versöhnung leben.

Für Vergebung und Versöhnung ist es nie zu früh, aber eines Tages zu spät.

---

18 – Der Fünf-Euro-Schein

Mit resigniertem Blick saß mir der Rektor einer kleinen Hauptschule in seinem Büro gegenüber.

Aufmerksam hörte ich seine Worte. „Lieber Herr Stahl, ich habe einen jungen Mann in meiner Schule, der uns immer wieder vor schwere Prüfungen stellt. Er macht uns Lehrern und den Schülern das Leben schwer, wo er nur kann. Er kam gemeinsam mit seiner Familie vor ein paar Jahren aus einem Kriegsgebiet. Wir wollen ihn nicht aufgeben, aber wir sind ratlos. Er ist mehrmals sitzengeblieben, hat weder für sich selbst noch für andere Wertschätzung. Strafarbeiten, Verweise und sonstige Maßnahmen haben leider nichts gebracht. Vor Kurzem bat ich dann den Vater in die Schule und versuchte auf beide gemeinsam, auf Vater und Sohn, positiv einzuwirken. Nachdem ich alles gesagt hatte, blickte ich erwartungsvoll in die Augen des Vaters. Dieser griff in seine Jacke, holte die Geldbörse heraus und entnahm einen Fünf-Euro-Schein. Mit folgenden Worten legte er den Schein vor seinem Sohn auf den Tisch: ‚Du bist eine Schande für unsere Familie, geh und kauf dir einen Strick und erhänge dich.'"

Erschüttert über das Gehörte, verließ ich das Zimmer des Rektors. Ich versprach nichts, war aber bereit, mein Bestes zu geben. Im Herzen allerdings wusste ich, dass ich ohne Gottes Hilfe gar nichts konnte. Auf dem Weg in die Turnhalle, wo mein Vortrag vor der ganzen Schule stattfinden sollte, betete ich und bat Gott, Herzen zu berühren. Ich lud ihn ein, unser Ehrengast in der Halle zu sein. So betrat ich die Halle mit der Gewissheit, ER, der lebt, ist dabei. Der Rektor entschuldigte sich, dass er später nachkommen würde, da er noch einen Termin hatte.

Da stand ich nun. Viele Schüler und Lehrer saßen vor mir. Den jungen Mann, um den es in unserem Gespräch gegangen war, machte ich bereits nach wenigen Sekunden aus. Ich fing an über mein Leben zu berichten, dass Gewalt und Mobbing nur von Menschen kommt, denen man selbst weh getan habe, dass Menschen, die andere verletzen, meist selbst verletzt wurden. Je länger ich sprach, desto aufmerksamer wurde der junge Mann. Ich sprach über wahres Mann-Sein und darüber, dass echte Helden andere nicht quälen, sondern sie beschützen.

Eine kaum beschreibbare Stille herrschte in der Halle. Ich ging auf den Jungen zu, der Lehrern und Schülern das Leben so schwer machte, auf den, der dem Rektor besonders am Herzen lag, den jungen Mann, der von seinem Vater so entwürdigend behandelt worden war. Ich ging auf den zu, den man so verletzt hatte und der diese Verletzungen reichlich weitergab.

„Und was ist mit dir?", fragte ich. „Willst du ein richtiger Mann werden, willst du andere ehren und sie beschützen?"

Mit diesem Satz lief ich ihm entgegen. Gebannt schaute die ganze Schulgemeinde zu. Man hätte Stecknadeln fallen hören, so still war es. Er schaute mich an, Tränen waren in seinen Augen: „Ja, das möchte ich, ich möchte jetzt ein solcher Mann werden, aber was soll ich tun, es hat mir nie einer gezeigt?" Ich war begeistert und sehr berührt und fragte ihn noch einmal sehr eindringlich.

Er stand auf, blickte mir in die Augen und entgegnete mir entschlossen mit einem „JA". Dann fragte er mich abermals: „Was soll ich tun?"

„Der erste Schritt wäre der, dass du dich bei all jenen entschuldigst, denen du weh getan hast", so forderte ich ihn heraus, eine klare Entscheidung zu treffen. Es ist schwer, das Folgende zu beschreiben, er zögerte keinen Augenblick. Er, der die Schule auf tyrannische Art ein Stück weit beherrschte, vor dem so viele kuschten, der es genoss, mit breiten Schultern und grimmigem Blick durch die Gegend zu laufen, um andere einzuschüchtern, verließ seinen Platz. Er hatte bislang immer nur das weitergegeben, was er selbst von seinem Vater erhalten hatte. Deshalb verurteile ich den Sohn nicht im Geringsten.

Wo Liebe fehlt, da wächst die Gewalt.

Dieser junge Mann lief nun durch die Reihen und bat um Vergebung. Er ließ keinen aus! Es war atemberaubend. Ja, so war es, man traute sich kaum zu atmen, man war so gefesselt von dem, was da vor sich ging. Während der Schüler von einem zum anderen ging, betrat der Rektor die Halle und konnte seinen Augen nicht trauen. Sprachlos stand er neben mir und beobachtete das Unglaubliche. Aus diesem Gesicht voller

Hass und Verachtung war ein aufmerksames, liebevolles und lächelndes Gesicht geworden.

Alle wurden zutiefst berührt, nicht nur der junge Mann, um den es in diesem Bericht hauptsächlich geht. Ein Herz wurde besonders bewegt und alle, die es erlebten, erlebten etwas, was sie nicht einordnen konnten.

Ich glaube, der Rektor weinte und versteckte seine Tränen. Anschließend lud er meine Kollegin und mich zum Essen ein. Nun waren wir beim Du. „Michael, ich verstehe das nicht, all die Jahre kämpfte ich um den Jungen, doch es geschah nichts. Was ist heute geschehen?"

Ich fragte ihn, was ihm Kraft und Hoffnung gibt. Dabei stellte es sich heraus, dass er an Esoterik glaubte. Ich dagegen sagte ihm, dass ich weder an das Universum glaube noch an die Sterne speziell, sondern an den, der dies alles erschaffen hat. Ich glaube nicht an ein „Es", sondern an einen „Du". Ich habe auch keine Glücksbringer, denn Gott nahe zu sein, ist mein größtes Glück. Ich hatte Gott gebeten, mit in die Halle zu gehen und Herzen zu berühren.

Es war mir in diesem Moment ganz egal, was der Rektor darüber dachte. Fakt war, dass er ja gesehen hat, was mit diesem „Du" geschah, etwas, was seinem „Es" nicht gelungen war. Wir sprachen noch über vieles. Einige Lehrer kamen auch noch dazu. Wir alle hatten noch eine wertvolle und tolle Zeit zusammen. Zum Schluss drückten wir uns. Wenige Wochen später schrieb mir der Rektor, dass nichts mehr so wie früher war. Gemeinsam schafften sie es, den guten Weg weiterzugehen.

Der wunderbare Bursche erkannte, dass es keine Stärke ist, Schwache zu quälen. Er spürte, dass er sich nicht klein machte, als er durch die Reihen lief und um Vergebung bat. Vielmehr wurde er zum wahrhaft Größten an diesem Tag. Ich bin mir sicher, Gott berührte sein Herz und bewegte ihn dazu, durch die Reihen zu laufen. Ja, ich bin mir sicher, er führte und begleitete ihn.

Durch welche Reihen müssen wir selbst noch gehen? Zu welchen Menschen speziell? Wo dürfen wir Gott darum bitten, dass er uns begleiten möge? Wo haben wir ihn in unserem Leben ausgeklammert? Wo fehlt er? Heute wäre ein guter Tag, um diese lebensverändernde Einladung auszusprechen. Möge dein Herz berührt werden und deine Lippen mit den richtigen Worten in Bewegung kommen, um Gottes Liebe zu erleben. Das wünsche ich dir. Ja, genau, ich meine dich! Du würdest dies nicht lesen, wenn Gott es nicht gewollt hätte. Er liebt dich und sehnt sich nach deiner Liebe.

19 – Der Trotzkopf

Nach einem Gottesdienst bat mich eine Dame, mit einem Mann zu reden, dem es nicht gut ging. Sie war der Meinung, dass Männer eher mit Männern reden. Wie recht sie doch hatte. Nach einigem Hin und Her berichtete mir der Mann von seinen Ängsten und der Wut, die er in sich trägt. Trotzig stand er vor mir. Ein sehr trauriger, verbitterter Mann. Ich fragte ihn nach seinem Verhältnis zu seinem Vater. Das war sein wunder Punkt. Trotzig schaute er auf den Boden. Er erzählte, dass sie seit fünf Jahren keinen Kontakt mehr haben und er brauche auch keinen. Ich erzählte ihm von dem Wunder, das ich mit meinem Vater erlebt hatte, und bat ihn, es auch so zu probieren. Der Mann litt sichtlich und mit ihm seine ganze Familie. Nach einigen Wochen besuchte er mich in meiner Sportschule. Sei Blick war anders, ein Friede lag auf seinem Gesicht ...

Dann erzählte er mir Folgendes: „Nach unserem Gespräch fuhr ich zu meinem Vater. (Er wohnte etwa 200 km entfernt.) Als ich nach fünf Jahren vor ihm stand, schaute er mich völlig erstaunt an und fragte mich, leicht zornig, was ich von ihm wollte. Ich sagte: ‚Nichts, aber eins will ich. Ich möchte dir sagen, dass ich dich liebe, und ich möchte dich um Vergebung bitten.' Nach diesem Satz wichen das Erstaunen und die Wut aus dem Gesicht meines Vaters und wir weinten zusammen Arm in Arm."

Der Mann sagte abschließend, es sei noch nicht alles gut, aber er spüre eine Freiheit, die er so noch nie gekannt habe.

Ich bin so dankbar für die Begegnung mit diesem Mann. Er ist nun ein festes Mitglied in meiner Truppe. Auch wenn der Vater nicht so positiv reagiert hätte, wäre er doch frei gewesen, weil er das getan hatte, was er tun konnte. Er sprach bedingungslose Liebe aus. Bedingungslose Liebe erwartet nichts, aber sie hofft alles. Wahre Liebe gibt, ohne zu fordern. Der Mann glaubt an Jesus Christus und ist nun gewiss, dass dieser den Rest auch noch heil machen wird. Ohne Gottes Beistand hätte er nie den Mut gehabt, nach fünf Jahren Kontaktstille zu seinem Vater zu gehen.

Aus dem traurigen, verbitterten Trotzkopf wurde ein liebender Sohn.

20 – Ein aufregender Besuch

Ein Sterbender, der längere Zeit schon im Krankenhaus war und dessen Tage gezählt waren, wurde von seiner Sterbebegleiterin gefragt, ob sie gemeinsam beten sollten. Daraufhin sagte er vehement: „Ich habe Gott im Leben nicht gewollt, und dann brauch ich ihn auch nicht im Sterben." Das war hart, aber es galt natürlich, dies zu respektieren. So beschloss die Frau, im Stillen für den Mann zu beten. Immer und immer wieder betete sie für ihn. Eines Tages setzte sich der im Sterben liegende gebrechliche Mann in seinem Bett aufrecht hin und erzählt voller Aufregung: „Jesus kommt mich besuchen." Tief berührt und bewegt, nahm die Dame zur Kenntnis, was da passierte. Der Mann war sichtlich aufgewühlt. Er verhielt sich, wie wenn man zuhause in alten Klamotten auf dem Sofa herumlümmelt und plötzlich kündigt sich hoher Besuch an. Der Mann war begeistert darüber, wer da zu ihm kam. Er wollte noch aufräumen, aber der, welcher kam, hatte doch schon vor langer Zeit alles aufgeräumt. Es schien, als hätte der Mann diese Gewissheit ganz plötzlich in seinem Herzen gewonnen; er hatte sie geschenkt bekommen. Er lehnte sich zurück, ein Lächeln verzauberte sein Gesicht und gab ihm einen unbeschreiblichen Ausdruck von Zufriedenheit und des Angekommenseins. Während er lächelte, starb er.

Und wie sieht es bei uns aus? Wie wird es sein, wenn wir unerwartet „hohen Besuch" bekommen? Haben wir schon aufgeräumt? Was wird der unangemeldete Besuch bei uns vorfinden? Lassen wir ihn überhaupt herein? Werden wir dann auch aufgeregt sein? Und werden wir uns schließlich entspannt zurücklehnen und lächeln? Was ist noch an Schuld, Wunden und Ängsten in unserem Herzen? Wo sollte noch aufgeräumt werden? Der, der uns frei machen möchte, klopft schon an unsere Herzenstür.

Siehe, ich stehe vor der Tür und klopfe an. Wenn jemand meine Stimme hören wird und die Tür auftun, zu dem werde ich hineingehen und das Abendmahl mit ihm halten und er mit mir
(Offenbarung 3,20).

---

21 – Die Dönerbude

Meine Kollegin und ich hatten noch Zeit bis zum Beginn des nächsten Projekts und beschlossen, in den Dom am Ort zu gehen. Es war kalt, viele Besucher strömten in das Gotteshaus. Ich freute mich auf den Gottesdienst und ging zügig Richtung Eingang. Dort saß er, Peter, direkt vor dem Eingang. Mit einem Schild vor sich, auf dem er um eine Spende bat. In meinem Herzen fühlte ich Mitleid mit ihm und wollte mehr geben als nur ein paar Münzen. Ich beobachtete die Szenerie eine kleine Weile. Keiner sprach mit ihm. Wortlos liefen alle an ihm vorüber. Hin und wieder warf jemand etwas in seine Büchse und verschwand im Dom. Peter und ich kamen ins Gespräch. Als wir erfuhren, dass ihm kalt war und er Hunger hatte, beschlossen wir, aktiv zu werden. Ich hatte noch einen alten, von mir getragenen Kapuzenpulli bei mir und fragte ihn, ob er den haben wolle, wenn es ihm nichts ausmache, dass der Pulli gebraucht ist. Er freute sich sehr darüber. Gegenüber vom Dom war eine Dönerbude. Längst war mir klar, dass Gott einen anderen Gottesdienst für uns vorgesehen hatte. So steuerten wir Richtung Dönerbude. Als unser Mahl vor uns auf dem Tisch stand, teilte ich ihm mit, dass ich auf Gott vertraue und ich ihm für diese Begegnung und für das Essen danken möchte. Da schaute er mich mit großen Augen an, die sich mit Tränen füllt. Er sagte: „Ich bete auch immer vor dem Essen, und erst gestern bat ich

Gott um ein Zeichen, und nun sitze ich hier mit euch an einem Tisch und wir danken Gott." Was ich in diesem Augenblick empfand, ist unbeschreiblich. Ich war tief berührt, ja ergriffen. Er erzählte mir, dass noch kein einziger Gottesdienstbesucher mit ihm ein Wort gewechselt habe. Das stimmte mich traurig. Gottes Liebe lebt durch uns. Wir beschlossen nach dem Essen, gemeinsam noch den Rest des Gottesdienstes zu besuchen. Kurz bevor die Predigt losging, waren wir dort. Das Thema der Predigt war „Barmherzigkeit". Es war für mich etwas ganz Besonderes, diese beiden Gottesdienste mit Peter zu feiern – erst in der Dönerbude und dann im Dom. Wir verabschiedeten uns und drückten uns dabei. Wir tauschten auch unsere Telefonnummern aus. Als ich am Abend in einer Gemeinde sprach und die Geschichte von Peter erzählte, kamen viele nach dem Vortrag zu mir und baten um Peters Nummer.

Einige Tage später rief mich Peter an und teilte mir mit, dass sich sein Leben so sehr verändert habe. Er hatte ein neues Zuhause gefunden und wiederholt besuchten ihn Leute aus der Gemeinde und luden ihn zum Essen in die Dönerbude ein. Wir hatten eine ganze Weile noch Kontakt zueinander. Irgendwann war unter seiner Nummer dann niemand mehr zu erreichen. So Gott will, werden wir uns aber wiedersehen. Ich weiß nicht wo, aber spätestens in der Ewigkeit werden wir wieder gemeinsam an einem Tisch sitzen. Dort wird es nicht mehr kalt sein. Dort wird es kein Schweigen geben, keinen Hunger und keinen Durst und vor allem keine Einsamkeit mehr.

Manchmal ist das Wenige, was wir geben, für andere so viel. Wichtig ist, dass alles, was wir geben, aus Liebe geschieht, denn ohne Liebe hat in der Ewigkeit nichts Bestand. Wo können wir in Bewegung kommen und mit denen an einem Tisch sitzen, mit denen sonst keiner an einem Tisch sitzen möchte? Wo können wir jene ehren, die sonst keiner ehrt? Damit auch sie erleben, dass ER lebt.

22 – Der Gangster

Besuch hatte sich angekündigt. Eine Mutter wollte mit ihrem Sohn in meine Sportschule kommen. Die genauen Umstände kannte ich nicht. Aber schon im Vorfeld frage ich mich bei solchen Besuchen, warum der Vater nicht mitkommt. Hat er keine Zeit? Ist er gestorben oder hat er die Familie verlassen? Oder hat es ganz andere Gründe?

Während ich in meiner Sportschule das Training leitete, informierte man mich, dass mein Besuch gekommen wäre. Ich kam vom ersten Stock runter in den Eingangsbereich, und da stand er vor mir. Ein großer Kerl, etwa 16 Jahre alt, mit Baseballmütze, über die er noch die Kapuze seines Sweatshirts gezogen hatte. Seinen Blick empfand ich als total abwertend, ja, er war geradezu hasserfüllt. Die Mama war eine liebe, aber schüchterne und verängstigte Frau. Beide wurden von einem Freund der Familie begleitet.

Nachdem ich sie alle in mein Büro geführt und mit Getränken versorgt hatte, setzte ich mich zu ihnen. Nun saß er mir gegenüber, der junge Mann, der offenbar ein Gangster sein wollte. Viele solcher Jungs sind mir in meinem Dienst schon begegnet. Ich fragte, ob es okay wäre, wenn ich gleich zu Beginn meinen Eindruck sagen würde. Schweigend nickte die Mama mir zu. Bei ihrem Sohn war kaum eine Regung im Gesicht zu erkennen.

Das war schon deshalb schwer, weil sein Gesicht zum Großteil von Mütze und Kapuze verdeckt war.

Ich ließ meinen Gedanken freien Lauf, schaute ihm in die Augen und begann zu sprechen: „Ich weiß nichts von dir, aber ich denke, dass dein Papa nicht mehr da ist und dass dir das unfassbar weh tut. Vielleicht hat er dir und Mama auch wehgetan. Niemand hat dir gezeigt, wie man als Junge wertschätzend mit anderen umgeht. Du hast nie gehört, was für ein toller Kerl du bist. Wahrscheinlich hat man dich in den ersten Schuljahren gequält. Du hast dir falsche Freunde gesucht. Weil du deinen Wert nicht kennst, behandelst du andere auch geringschätzig. Nun bist du in einer Gang, hast täglich Schlägereien, konsumierst Drogen, weil du mit dieser Welt kaum noch klarkommst, und die Polizei war auch schon öfters bei euch zuhause. Deine Mama hat keine Kraft mehr, weiß nicht mehr weiter, und deshalb seid ihr alle heute hier."

Je länger ich sprach, desto mehr hob er seinen Kopf und hörte mir aufmerksam zu. Nachdem ich fertig war, schaute er seine Mutter an und fragte vorwurfsvoll: „Hast du ihm was gesagt?" Ich erklärte ihm, dass ich das einfach vermutete, weil ich dies schon so oft erlebt hatte. So viele Männer, die im Gefängnis oder im Jugendarrest saßen, hatten mir ihre Lebensgeschichten erzählte. Aber meist erst dann, wenn ich von meinem Leben berichtet hatte. Wenn ich offen über Schmerz, Schuld und Versagen sprach, dann packten viele aus.

Ich erzählte dem Möchtegern-Gangster auch von meinem Leben, meinen Ängsten und von meinen Sehnsüchten, und dann fing er an auszupacken. Sein Vater war vor vielen Jahren gegangen. Das Letzte, woran er sich erinnern konnte, waren die Prügel, die er und seine Mutter von ihm bekommen hatten. Die Tragik dieser traurigen Geschichte war, dass der Junge es dem Vater nachmachte und ebenfalls diese wunderbare, verängstigte Frau schlug. Er fing an zu weinen. Daraufhin bat ich ihn, doch seine Kapuze runterzumachen. Er folgte meiner Bitte. „Bitte, nimm doch auch noch die Mütze ab", bat ich ihn, und auch dieser Bitte kam er nach.

Da saß er nun, er war kein Gangster mehr. Ein wunderbarer liebevoller Kerl, dem man selbst viel angetan hatte. Er war gefühlskalt geworden und verletzte andere, obwohl er im Prinzip auf der Suche nach Anerkennung und Liebe war. Er weinte, seine Mutter und der Freund der Familie waren total erstaunt und trauten ihren Augen und Ohren nicht. Ich stand auf und ging zu ihm hin, drückte ihn kurz und sagte zu ihm: „Schau her, du hast das weitergegeben, was man dir angetan hat. Du hast gesehen, was dein Vater deiner Mama und dir antat. In deinem Herzen wusstest du immer, dass dies falsch war. Wahre Freunde hast du nie gehabt. Deshalb hängst du mit Leuten ab, die ihren Wert auch nicht kennen und wahrscheinlich eine ähnliche Geschichte haben wie du. Eure Gang wird nur durch Angst zusammengehalten, anders funktionieren solche Bündnisse auch nicht. Als deine Mama dir den Umgang mit denen verboten hatte, da hattest du vermutlich Angst, wieder alleine zu sein. Wieder ohne Freunde, wieder nicht dazuzugehören. Aber deine Mama wird immer deine Mama bleiben, auch wenn deine falschen Freunde schon lange gegangen sind. Möchtest du nicht ein richtiger Mann werden, der andere wertschätzt, der für das Gute kämpft und der vor allem nicht seine eigene Mama schlägt?"

Ich spürte, nun hatte er es, zumindest für diesen Moment, im Herzen verstanden. Ich bat den Freund der Familie, mit mir den Raum zu verlassen, damit Mutter und Sohn allein sein konnten. Bevor ich aus dem Zimmer ging, schaute ich dem ehemaligen Gangster in die Augen und meinte: „Ich hoffe, du weißt, was du nun zu tun hast." Er nickte. Nach einiger Zeit klopfte ich sanft an die Tür und betrat wieder den Raum. Weinend lagen sich der Sohn und seine Mama in den Armen. Nach so vielen Jahren war endlich ihr Sohn, ihr kleiner Junge wieder da. Noch vor kurzer Zeit war mir ein junger Kerl gegenübergestanden, der voller Hass war und sein Gesicht versteckte. Nun stand ein zugleich weinender, aber auch lächelnder Junge vor mir, der seine Mama um Vergebung bat. Mir war es noch wichtig, ihm zu sagen, dass sein Vater vermutlich auch kaum Annahme in seiner Kindheit erlebt hatte und deshalb Prügel weitergab. Ich sprach über die große Bedeutung von Vergebung. Ich gab der Familie zum Abschluss noch ein paar Geschenke und wir alle drückten uns. Einige Zeit hatten wir danach noch Kontakt miteinander.

Natürlich ändert sich ein Leben nicht durch ein einziges Gespräch, aber wenn Herzen berührt werden und Menschen in Bewegung kommen, ist dies der erste große Schritt, dem weitere Schritte folgen werden. Aber keiner sollte diesen Weg alleine gehen. Wir Menschen sind auf Beziehungen angelegt. Diese Familie hatte einen Freund und Begleiter dabei, der die Familie wirklich begleitete, auch in der Zeit nach unserem Gespräch.

Wir alle tragen die Verantwortung für unser Handeln. Eine schlechte, lieblose Kindheit darf und kann nicht alles entschuldigen. Aber mir ist es wichtig, darauf zu verweisen, dass ich einmal bei zwei Vortragsveranstaltungen in offenen Jugendvollzugsanstalten mit 15 bis 20 Männern sprechen durfte. Sie alle lauschten meinem Vortrag und mit allen Jungs konnte ich im Anschluss noch sprechen. Alle hatten sie eines gemeinsam: Keiner von ihnen hatte einen liebevollen Vater. Entweder waren die Väter nicht da gewesen oder sie hatten ihre Söhne fortwährend verletzt. Ich sah unendlich viele Tränen von Männern, die andere zum Weinen gebracht hatten, die verletzt und zerstört hatten. Ja auch sie selbst hatte man einst verletzt und vieles in ihnen zerstört.

Wenn wir verletzen, beginnen wir zu zerstören. Schmerz wird weitergegeben, ein Dominoeffekt entsteht. Mit Liebe, Wertschätzung und Vergebung ist es aber ebenso. Was wir in dieser Welt einander antun, tun wir letztendlich uns selbst an. Darum gab uns Jesus ein neues Gebot: „Liebt einander, wie ich euch liebe." Wie er uns liebt? Bedingungslos, einzigartig, wunderbar, einfach unbeschreiblich. Diese Liebe verändert die Welt. Sie berührt und bringt Herzen in Bewegung. Je mehr wir diese Liebe leben, desto mehr erkennt die Welt, dass ER wirklich lebt.

Der Junge, der Gangster sein wollte, wurde von mir nicht angeklagt, sondern wertgeschätzt. Ich legte meinen Blick nicht auf seine Schuld, sondern auf seine Verletzung, seine Wunden und somit auf die Sehnsüchte, die nie gestillt worden sind. Das wünsche ich dir und mir, immer wieder neu, dass wir auf unsere wahren Sehnsüchte und auf die der anderen achten. Oft versteht man solche Menschen, die verletzen, die bitter geworden sind, die Drogen nehmen und sonstigen

Süchten verfallen sind, viel besser, wenn man mit dem Herzen auf ihre ungestillten Sehnsüchte schaut.

Ich wünsche uns allen, dass wir nicht Böses mit Bösem vergelten, sondern dass wir das Böse mit Gutem überwinden.

Durchbrechen wir die Kette des Bösen und hören wir auf damit, weitere „Gangster" zu erziehen! Der Junge wollte nur Anerkennung und Liebe, er wollte dazugehören und hatte Sehnsucht nach Familie, nach Annahme und einem Zuhause – danach, geliebt zu sein.

23 – Der Getragene

Da stand ich nun in der Turnhalle. Hunderte Schüler lauschten zusammen mit ihren Lehrern meinem Vortrag. Mitten unter ihnen „Mister Cool" persönlich. Obwohl in der Halle gar keine Sonne schien, trug er eine Sonnenbrille. Mit einem Achselshirt bekleidet, präsentierte er voller Stolz seine Muskeln. Ja, ein Muskelprotz, der im Laufe meines Vortrages über mein Leben und über Gewalt und Mobbing seine Brille abnahm. Sein Blick wurde nachdenklicher. Als er in die Halle „einmarschiert" war, hatten ihn einige weitere coole Jungs begleitet. Er war ihr Anführer, er gab den Ton an. Ich spürte, dass meine Worte ihn und viele andere trafen, mitten ins Herz. Es ging auch um Mann-Sein und um die Sehnsucht vieler Männer, Helden sein zu wollen. Ich sprach darüber, warum Filme wie *Gladiator, Highlander, Braveheart* und *Robin Hood* Welterfolge sind. Sie alle gehen auf unsere Sehnsucht ein. Sie sprechen die Herzen von Männern an, aber auch die Sehnsucht jeder Frau, die sich zutiefst nach einem Mann sehnt, der dem Guten nachjagt, einem Mann, der lachen und weinen kann und für das Gute kämpft, einem Abenteurer, der auch seine kindliche Seite der Welt nicht verborgen hält, der die Kleinen und Schwachen ehrt und ihnen hilfreich zur Seite steht.

Da saß sie nun, die coole Truppe, nachdenklich, berührt und zutiefst bewegt. Außerdem fiel mir ein liebevoller Kerl auf, dessen Haltung sehr gebückt war. Er war groß, litt an Übergewicht und schaute stets nach unten. Ich fühlte, er kannte seinen Wert nicht und viele Menschen in seinem Umfeld wohl auch nicht. Ganz offensichtlich wurde er nicht wertschätzend behandelt. Jede Lieblosigkeit und jede Ablehnung machten ihm das Leben im wahrsten Sinne des Wortes schwerer.

Nach dem Vortrag war ein praktischer Teil geplant. Die Schüler waren klasse, sie vertrauten mir. Es herrschte eine wunderbare Atmosphäre. Bevor ich ein Projekt beginne, bitte ich Gott immer, er möge selbst dabei sein, Herzen berühren, Liebe versprühen. Dort, wo er ist, beginnt der Himmel.

Wir lachten und tobten. Wir prüften unsere Reflexe und spielten mit kleinen Bällen. Immer wieder teilte ich ein paar wertschätzende Gedanken aus. Und dann nahm das Wunder seinen Lauf. Es war eine Übung dran, in der es darum ging, einen anderen auf seinem Rücken zu tragen, während dieser sich im Liegen ausbalancieren muss. Einerseits dient dies dazu, seinen eigenen Körper besser kennenzulernen und mit guten Gedanken zu arbeiten, und andererseits, um das Gefühl zu haben, getragen zu werden.

Psychologen haben herausgefunden, dass der Mensch eine tiefe Sehnsucht danach hat, immer wieder mal getragen zu werden, zu spüren, getragen zu sein. Warum haben viele Kids den Wunsch zu reiten? Man wird getragen. Denn in den ersten Monaten unseres Lebens, im Bauch unserer Mama, wurden wir auch getragen. Deshalb glaube ich von ganzem Herzen an den Gott, der mir versprochen hat, mich zu tragen. In sämtlichen Religionen gibt es Götter, die weit weg sind. Jemand, der weit weg ist, ist nicht nah genug, um mich zu tragen.

In manchen Weltanschauungen gibt es gar keinen Gott, da ist jeder sein eigener Gott. Wie kann ich mich aber selbst tragen? Was ist, wenn mir der Boden unter den Füßen weggezogen wird: Wer fängt mich auf, wer hält und trägt mich? Wenn wir den Gott ablehnen, der uns tragen möchte, dann wird unsere wahre Sehnsucht ja gar nicht gestillt – und wir wissen doch, dass unerfüllte Sehnsüchte die Menschen krank machen. Glücksbringer können dich weder tragen noch stützen und somit auch nicht trösten. Die Sterne auch nicht, die sind viel zu weit weg.

Der Gott, an den ich glaube, der Vater im Himmel, ist ein „Papa", der sagt: „Ich lasse dich nicht fallen und verlasse dich nicht." Oh, ist das schön! Das tröstet mich und ich genieße dieses Gehalten-Werden von ihm. Glücksbringer, höhere Wesen, Sterne ... alle sind unpersönlich, haben keine Hände, die halten und tragen können. Gott nahe zu sein, ist mein Glück, so steht es in der Bibel. Tja, und als die Titanic unterging und viele den sicheren Tod vor Augen hatten, da spielte die Bordkapelle als letztes Lied „Näher, mein Gott, zu dir". Getragen zu werden, Halt zu empfinden, sich fallen lassen können, all das sind Grundbedürfnisse unserer Seele. Diese Sehnsüchte kann nur der stillen, der sie selbst in unser Herz gelegt hat.

Deshalb ist mir diese sportliche Übung so wichtig. Da gibt es einen, der getragen wird, und einen, der trägt. Ich bat die Jugendlichen, sich jeweils einen Partner zu suchen. Da hob ein veränderter „Mister Cool" den Arm und bat ums Wort. Nie werde ich vergessen, was er sagte, wie er es sagte und was er danach tat.

Wenn ich seine Worte hier wiedergebe, geht es dabei nicht um mich, denn ohne Gott wäre ich nichts und könnte ich nichts, aber es waren nun mal seine Worte, die Worte dessen, der zuvor noch mit Muskelshirt und Sonnenbrille dasaß: „Michael, es waren schon viele hier und haben mit uns gesprochen, doch niemand hat unsere Sprache gesprochen. Du hast heute zu meinem, zu unseren Herzen gesprochen und etwas ist passiert." Er deutete auf den Jungen, der mit seiner Unsicherheit schon am Anfang aufgefallen war: „Ich würde ihn gerne tragen. Über Jahre hinweg habe ich ihn nicht wertschätzend behandelt, und mit Sicherheit habe ich dazu beigetragen, dass er Übergewicht hat. Deshalb würde ich ihn gerne tragen und damit auch das, was ich ihm angetan habe, und ich verspreche, dass ich ihn von nun an wertschätzend behandeln werde."

Fassungslos hörte ich seine Worte. Tränen füllten meine Augen und die von vielen in der Halle. Alle, die da waren, waren zutiefst berührt. Dann stand er auf und mit ihm seine Gefährten. Sie gaben dem jahrelang gemobbten und lieblos behandelten Jungen die Hand und baten ihn um Vergebung. Dann ging der Anführer auf die Knie und lud seinen neuen Kameraden auf den Rücken. Es ging zu diesem Zeitpunkt schon lange nicht mehr um die Sportübung, sondern um ein Wunder, das sich hier vor den Augen aller abspielte. Es herrschte eine total andere Atmosphäre in der Halle als zu Beginn der Veranstaltung. Ich wusste, der allmächtige Gott hatte sich die Ehre gegeben; er war da, mitten unter uns. Er ist nie weit weg. Wenn wir so empfinden, dass Gott uns fern ist, dann sollten wir uns die Frage stellen, wer sich entfernt hat.

Der, der einst verletzte, herablassend und gemein war. Der dachte, dass Muskeln und Cool-sein zum Mannsein gehörten, der erkannte, dass es wahre Größe ist zu dienen. Das mutige Bekenntnis vor seinen Mitschülern beeindruckte. Er machte sich klein und wurde damit zum Größten. Er erlebte, dass jemand, der schützt und ehrt, die Tugenden eines wahren Helden lebt.

Während er den übergewichtigen Jungen auf seinem Rücken trug, motivierte er ihn, spornte ihn an und lobte ihn anschließend für seine Leistung. Da stand der große Kerl und konnte sein Glück kaum fassen. Ich fragte ihn, wie er sich fühle und was es ihm bedeute, zu wissen, dass nun die Verletzungen vielleicht endlich aufhören würden, da meinte er, dass dies einer der schönsten Tage in seinem Leben sei. Mit einer einfachen und doch grandiosen Geste veränderte sich Leben. Ich werde nie vergessen, wie der Anführer auf die Knie ging und den trug, den er jahrelang nicht geachtet hatte. Je mehr er sich selbst erniedrigte und klein machte, desto größer wurde er, und desto größer wurde die Bewunderung aller, die dabei waren.

Das erinnert mich an Jesus, den Herrn aller Herren, den König der Könige. Am Abend vor seinem Tod versammelte er seine Freunde um sich, um mit ihnen ein letztes Mal gemeinsam an einem Tisch zu sitzen. Dann stand er auf, band sich ein Tuch als Schurz um und begann die Füße seiner Freunde zu waschen. Hände, die die Sterne an den Himmel gesetzt haben und die Planeten in die richtige Bahn, waschen dreckige Füße. Füße, von denen er wusste, dass sie weglaufen würden. Was für ein Gott, was für eine Liebe! Welch eine Größe bewies er, indem er sich klein machte! Jesus tauschte

aus Liebe zu uns die Himmelskrone gegen eine Dornenkrone ein. Er ist der Gott, der den Himmel verließ, um in
einem dreckigen Stall geboren zu werden. Der nackt
und entwürdigt an einem römischen Kreuz starb, damit
wir unsere Würde wiedererlangen, ja, damit wir Leben
haben.

An jenem Tag in der Turnhalle veränderte sich die
Klasse. Viele wurden berührt, besonders dadurch, dass
einer aussprach, was in seinem Herzen war. Weil er berührt wurde und in Bewegung kam. Weil er aktiv wurde
und etwas getan hatte, was sich vorher keiner getraut
hatte. Er hat uns alle gelehrt, was wahre Größe ist.

Wer ein König sein möchte,
sollte das Herz eines Dieners haben.

---

24 – Nach 34 Jahren

Wie gut, dass es Zeugen für diese Geschichte gibt. Ich könnte es keinem übelnehmen, der das Folgende nur schwer glauben kann.

In der Grundschule hatte ich einen sehr guten Freund namens Marc. Er war ein feiner Kerl. Der erste Freund, der mich auf eine Geburtstagsparty einlud. Mein Sitznachbar. Er war ein kluger Kerl und war, ehrlich gesagt, in allen Fächern besser als ich. Und er war genau 363 Tage älter als ich. Warum ich das so genau weiß? Ich wurde am 6.9.70 geboren und er am 8.9.69. Also waren der 6.9 und der 7.9 für uns etwas Besonderes, denn an diesen beiden Tagen waren wir beide gleich alt.

Ich kann mich nicht erinnern, dass wir mal Streit hatten. Unzählige Stunden spielten wir in seinem Garten zusammen mit vielen anderen Fußball. Ich glaube, selbst wenn wir damals PC-Spiele, Playstation und all den Kram gehabt hätten, es hätte uns kaum interessiert, denn an diesen Nachmittagen, an denen wir in Marcs Garten herumtobten, hatten wir alles. Wir waren draußen, mit ein paar Freunden zusammen und hatten einen Ball. Mehr benötigten wir nicht. Wir waren glücklich. Ich kann mich sogar noch an den Ball von Marc erinnern. Es war ein schwarzgelber Lederball, der meistens zu wenig Luft hatte. Sträucher und Bäume dienten uns als Tore. Wir waren wirklich glücklich. Freunde, Natur und Sport stillten einen Teil unserer Sehnsüchte.

Als wir aus der Grundschule kamen, trennten sich unsere Wege. Marc ging aufs Gymnasium und ich in die Realschule. 1980 sahen wir uns damals zum letzten Mal. Viele Jahre sind seitdem vergangen. Oft dachte ich im September an unsere zwei Tage, an denen wir gleich alt waren. In sozialen Netzwerken suchte ich ihn vergebens. Was wohl aus Marc geworden ist, fragte ich mich oft. Einige meiner ehemaligen Mitschüler sind bereits gestorben. Ich hoffte, ihn eines Tages wiederzusehen. Immer wieder betete ich für ein Wiedersehen, doch es tat sich nichts. Bis zum Oktober 2014.

Bei einem Vortrag nahe Stuttgart kam ich mit einem Mann ins Gespräch und irgendwie kam ich auf Marc zu sprechen. Der Mann wurde neugierig und fragte intensiver nach, denn sein Nachbar hieß auch Marc. Ich sagte ihm den Nachnamen. Daraufhin folgte eine Explosion der Begeisterung, oder wie soll ich das sonst beschreiben? 82 Millionen Menschen leben in Deutschland und ich erzählte „zufällig" die Geschichte von Marc dessen Nachbarn. Ich erfuhr, dass er lebt und eine wunderbare Familie hat. Gott hat meine Gebete erhört, nun wusste ich, dass es Marc gut ging und wo er wohnte. 34 Jahre hatte ich nichts von ihm gehört.

Am nächsten Tag fuhr ich mit Freunden zu einem Vortrag in der Nähe von Stuttgart. Kurz nach Aalen kamen wir in einen Stau. Oft kommt es ja anders, als man denkt, und manchmal ganz, ganz anders. Während ich mich innerlich noch über den Stau aufregte, riss mich das Hupen eines Motorrades aus den Gedanken. Ich ließ die Scheibe herunter und schrie hinaus: „Was gibt's?" Eine Stimme rief durch den Helm hervor: „Bist du es, oder bist du es nicht, der Michael Stahl?" Meine Autowerbung hatte mich enttarnt. „Ich bin es!", rief ich. Mit „Ich bin es" gab sich Jesus den Soldaten vor seiner Verhaftung zu erkennen, worauf diese zurückwichen und zu Boden fielen, siehe Johannes-Evangelium. „Ich bin", so beginnen die Zehn Gebote, und Moses fragte einst Gott: „Was soll ich dem Pharao sagen, wer mich sendet?" Gott sprach: „Antworte ihm, ICH BIN hat dich gesandt."

Ja, ich bin, ich bin sein Kind und nichts anderes. Das, was wir denken, wer wir sind, das bestimmt unser Denken und Handeln. ICH BIN sein Kind. Ich, ein Kind, vertraue all die Jahre, dass, wenn es sein Wille ist, ich Marc eines Tages wieder begegnen werde. Als ich „ICH BIN ES" antwortete, schrie er begeistert: „Ich bin es, Marc!" Ich schrie ebenfalls vor Begeisterung. Wir fuhren beide ein paar Meter vor, bis zu einem Feldweg. Nach 34 Jahren war der Moment da. Gleich würde ich ihn sehen, Marc, meinen Freund aus Kindertagen. Ich stieg aus, er parkte mit seinem Motorrad direkt hinter mir. Gleich würde ich sehen, wie er ohne Helm aussah.

Da stand er vor mir. Wir nahmen uns in die Arme. Es war klasse. Wir erzählten uns in großen Zügen, wie unser Leben verlaufen war. Ich erzählte ihm, dass ich für diese Begegnung seit 34 Jahren gebetet hatte, und erwähnte auch die Begegnung mit seinem Nachbarn. Es war so intensiv. Ganz zum Schluss fragte ich ihn: „Marc, glaubst du an Gott?" Darauf zauberte sich ein kleines verschmitztes Lächeln in sein Gesicht und er meinte: „Spätestens jetzt bleibt mir doch nichts mehr anderes übrig." Meine Begleiter waren Zeugen dieses unvergesslichen Augenblicks.

Ich wünsche mir so sehr, falls du Gott noch nicht lieb hast, falls du noch nicht an ihn glaubst, dass du es spätestens jetzt tust und das Wunder erlebst, dass du nie mehr allein bist, dass du erlebst, wie sehr er an dich glaubt und wie sehr er dich lieb hat.

25 – Die Müllkippe

Besorgt hörte ich, was die Mutter mehrerer Kinder mir zu sagen hatte. Wir trafen uns in meiner Sportschule. Der Vater hatte jedes Kind geschlagen und nun hatte er eine unheilbare Krankheit und lag seit Monaten im Sterben. Ich fragte sie, ob sie an Gott glaube, und sie antwortete, dass sie ohne ihren Glauben all dies nicht hätte aushalten können. Auch jetzt, da ihr Mann nur noch wenige Zeit zu leben habe, sei Gott ihre Kraft. Allerdings wolle ihr sterbender Ehemann von Gott nichts wissen. Er hatte wohl ein paar Glücksbringer, die ihm aber – wie es schien – kein wirkliches Glück gebracht hatten.

Meine Kollegin war bei diesem Gespräch mit dabei und hörte geduldig zu. An diesem Tag entstand zwischen ihr und der Mama und den Kindern eine tiefe Freundschaft. Immer wieder fuhr sie zu der Familie und setzte sich an das Bett des Sterbenden und las ihm eines meiner Bücher vor. Sein ganzes Leben hatte er, Günther, nichts von Gott wissen wollen. Das Gute an seiner schlimmen Lage damals war, dass er nicht abhauen konnte. So musste er sich anhören, dass Gott ein liebevoller Vater, ein Papa ist. Eines Tages erzählte mir meine Kollegin, dass Günther nicht mehr ansprechbar wäre, und sie fragte mich, ob es wohl noch Sinn mache, ihm weiter vorzulesen. Ich sagte ihr, sie solle auf ihr Herz hören. So entschied sie sich, ihm weiter vorzulesen obwohl er offenbar nichts mehr wahrnahm. An einem

Samstag entschied ich mich dann, Günther zum ersten Mal zu besuchen. Meine Kollegin meinte, der Besuch werde wohl nichts mehr bringen, da er seit über zwei Wochen nicht mehr gesprochen habe und kaum noch Reaktionen zeige, und es werde wohl jeden Augenblick zu Ende gehen.

Ich ließ mich nicht beirren und machte mich mit der Kollegin auf den Weg, um die Familie zu besuchen und um Günther zu ehren. Ich betete am Abend davor, auf der ganzen Fahrt und auch noch, als ich das Haus betrat. Die Kinder tobten im Haus, spielten miteinander Fangen und puzzelten noch nebenher. Irgendwie war die Situation grotesk. Oben im ersten Stock lag der Vater im Sterben und unten wurde gelacht, getobt und gespielt. Doch je länger ich das Treiben beobachtet, desto mehr begriff ich. Sie sagten auch nicht Papa, sondern nannten ihn beim Vornamen.

Dreißig Minuten schaute ich mir alles schweigend an. Ich machte mir Gedanken darüber, was ich Günther sagen sollte. Würde er mich überhaupt noch hören? Würde er noch wahrnehmen, wer da war? Welchen Eindruck würde er auf mich machen? Was würde sein Anblick in mir auslösen? So ging ich langsam die Stufen zum ersten Stock hoch und selten zuvor wurde mir bewusst, dass ich die beste Nachricht der Welt bringen durfte. Evangelium bedeutet ja „gute Nachricht". Welchen Trost konnte ich dem von Schuld geplagten sterbenden Ehemann und Vater bringen? Sollte ich ihm sagen, dass nun gleich die große Dunkelheit kommt und dass alles im Nichts endet? Alle seine Erfahrungen, Gedanken, Taten, Worte – alles ausgelöscht? Dass Hunderttausende Liter Blut während seines Lebens sinnlos durch seinen Körper gepumpt wurden? Dass sein Herz millionenfach ganz ohne Sinn geschlagen hatte, weil sich alles in „nichts" auflösen würde?

„Nichts" ist meiner Ansicht nach keine gute Nachricht für einen Menschen, der geht. Welchen Trost hätte ich ihm noch sagen können? Vielleicht, dass er als Feldhase wieder geboren wird oder als Regenwurm? Mal ernsthaft, wäre das eine gute Nachricht für den von Schuld geplagten Vater, oder sollte ich ihm gar den Rat geben, noch schnell ein paar gute Taten zu vollbringen als Ausgleich für all das Schlechte in seinem Leben? Das ging nicht, denn er war nur noch Haut und Knochen und hatte nur noch kurze Zeit. Und könnte uns Leistung wirklich Freiheit geben? Können wir mit tausend guten Taten eine schlechte ungeschehen machen? Ja, unsere Schuld, damit hat die Welt ein großes Problem. Wie viele mir schon klarmachen wollten, dass es Schuld gar nicht gibt. Gerne wiederhole ich mich: Oh doch, an den Sterbebetten ist sie allgegenwärtig – oder in den Altersheimen, in den Gefängnissen, bei Süchtigen usw. sowie bei Versicherungen, in Anwaltskanzleien oder in Gerichtssälen. Verdrängen, flüchten, sich etwas vormachen mag wohl manchmal funktionieren, aber nicht auf Dauer.

So bat ich also Gott, mit mir an Günthers Bett zu gehen, obwohl er dort doch schon die ganze Zeit saß. Ja, er ist allgegenwärtig, wo immer wir auch sind. Man kann Gott natürlich auch ablehnen. Dort, wo man ihn ablehnt, beginnt die Leere, wird die Sehnsucht nicht gestillt, dort ist Hoffnungslosigkeit.

Ich betrat den Raum, meine Kollegin und Günthers Frau gingen auch mit. Ich trat an sein Bett. Vor mir lag ein ausgemergelter Körper. Es war traurig und erschütternd anzusehen. Langsam und schwer ging sein Atem. Ich nahm seine Hand. Meine andere Hand legte ich auf seine von kaltem Schweiß bedeckte Stirn und sagte Folgendes: „Günther, hier ist der Michael, der Gott lieb hat. Weißt du, warum ich hier bin?" Da geschah das Unfassbare, das Wunder: Er öffnete die Augen, schaute mich an und sprach mitten in unser Staunen hinein folgenden Satz: „Du wärst nicht hier, wenn Gott nicht deine Schritte geführt hätte." Ich schaute zu meinen Begleiterinnen rüber. Wir waren alle drei überwältigt, solche Worte aus dem Mund eine Atheisten zu hören. Alles, was meine Kollegin ihm vorgelesen hatte, auch als er scheinbar nichts mehr mitbekam, war tief in sein Herz gedrungen. Er wirkte sehr berührt und seine Lippen kamen in Bewegung. Was er dann sagte und wie er es sagte, versetzte uns ins Staunen. Ich hielt seine Hand und sprach liebevoll und ruhig mit ihm: „Günther, ich weiß, was dich plagt. All das, was du deiner Familie angetan hast und vielen anderen wohl auch. Aber ich weiß auch, was man dir angetan hat." Ich wusste, dass auch er in seiner Kindheit sehr verletzt worden war. „Günther, du musst nun gleich gehen. Jesus starb auf einer Müllkippe mit Namen Golgatha, wäre es nicht an der Zeit, den ganzen Müll an Verletzungen und Schuld dort abzuladen? Und wenn du vor IHM stehst, wird er dich nur eines fragen: ob du ihn lieb hast. Was wirst du zu ihm sagen?"

Da begann er eindringlich mit schwacher Stimme zu sprechen: „Weißt du, Michael, monatelang liege ich nun hier im Bett und habe mir sehr viele Gedanken gemacht. Ich werde nun zur Müllkippe gehen und dort alles hinwerfen, was mich plagt, und wenn Jesus mich fragt, ob ich ihn liebe, dann werde ich ihm sagen: Wen denn sonst?"

Beim Schreiben dieser Zeilen stehe ich in Gedanken noch einmal an seinem Bett, sehe ihn vor mir und bin selbst total berührt. Er war von Hoffnung und Liebe umgeben. Er wurde frei. Kein „toi, toi, toi", keine Horoskope, keine Trostlosigkeit, kein höheres Wesen oder irgendetwas sonst gaben ihm diese Freiheit, sondern der, der sein Leben aus Liebe für uns dahingab. Der uns ganz nahe gekommen ist, der, dessen Namen „Rettung" bedeutet, von dem ließ sich Günther retten. Der, der sprach: „Wen ich frei mache, der ist wirklich frei" – Jesus Christus. Es war einfach unbeschreiblich. Ich weiß nicht, wie ich diese und viele andere Geschichten schreiben soll und dabei den Menschen und der Liebe Gottes auch nur ansatzweise gerecht zu werden.

Mit Tränen in den Augen ging ich ins Erdgeschoß und holte die Kinder. Sie waren sehr verwundert. Ich bat sie, sich von ihrem Papa zu verabschieden und Frieden mit ihm zu machen. Mir war klar, dass sie das wohl erst später verstehen würden, sie waren damals zwischen sieben und dreizehn Jahren. Da standen sie nun am Bett ihres sterbenden Vaters. Ihre kleinen Hände schoben sich zaghaft auf dem weißem Laken in Richtung der Hände des Vaters ... Die Hände, die sie einst verletzten, hielten sie nun. Sie kamen sich nahe. Es war heilende Nähe. Annahme, Verbundenheit, Vergebung, Freiheit, all das geschah dort. Es war zutiefst bewegend. Wir weinten alle. Dann beteten wir alle zusammen den Psalm 23. „Der HERR ist mein Hirte, nichts wird mir mangeln ..."

Oh ja, wenn er der Hirte unseres Lebens ist, dann haben wir in Wahrheit schon alles, was wir brauchen. Aber wenn er es nicht ist, dann wird alles, was wir haben, uns nie wirklich glücklich machen. Alles andere ist vergänglich, hat keinen Ewigkeitswert. Oft neigen wir dazu, die Wertigkeiten drastisch zu verschieben. Die Dinge, die uns in Ewigkeit nicht glücklich machen, denen geben wir eine viel zu große Bedeutung im Leben, Gott aber und all das, was er uns mit der Ewigkeit schenkt, was uns frei macht, das schieben wir weit weg, belächeln oder ignorieren es.

Was für ein Bild, eine Familie versöhnt sich! Günther, der Atheist mit seinen Glücksbringern, versöhnte sich mit Gott. Er nahm ihn als Hirten an, als liebevollen Vater, den er selbst nie hatte, weshalb er diese Liebe kaum oder nur schwer weitergeben konnte. Er lag nun „erfüllt" in seinem Bett. Erfüllt – ja, ER, Gott selbst, füllte Günthers Leere aus, weil Günther sich dem himmlischen Vater anvertraute. Wir sangen Lieder, schwiegen zusammen, beteten. Kurze Zeit später ging er dann für immer nach Hause. Als er ging, lächelte er und seine Kinder streichelten den leblosen Papa.

Darf ich dich fragen: Was ist mit deinem Müll? Hast du ihn auch schon abgeladen? Was wirst du antworten, wenn Gott dich eines Tages fragt: „Hast du mich lieb?"

Ich habe Günthers Geschichte schon vielen erzählt, seine Frau erlaubte es mir. Viele, sehr viele wurden berührt, kamen in Bewegung und gingen im Gebet ans Kreuz: Sie luden dort, auf der Müllkippe von Golgatha, den Müll ihres Lebens ab. Wohin denn sonst mit all dem Müll? Viele, die diesen Weg ehrlichen Herzens gingen, durften erleben, dass ER wirklich lebt.

26 – Schatztruhe

Immer wieder habe ich in den letzten Jahren spontan kleine Geschichten aufgeschrieben. Ich versichere, ich habe keine einzige Geschichte gezielt geplant, sondern sie entstanden einfach so in meinem Herzen. Ich schrieb aus meinem Herzen für andere Herzen. Über viele Jahre hinweg habe ich sie gesammelt. Schon als Kind war ich fasziniert von den Gleichnissen Jesu, der Gottes Liebe in einfache und wunderbare Geschichten verpackte. So kamen mir einige moderne Gleichnisse in den Sinn, die ich niederschrieb. Ich wünsche dir viel Freude beim Durchstöbern dieser „Schatzkiste" mit ihren vielen unterschiedlichen Geschichten, Gleichnissen und Erlebnissen. Ich hoffe, dass sie dich im Herzen berühren und in Bewegung setzen, damit du und immer mehr Menschen erfahren, dass Gott der Vater aller Väter ist, dass er die Liebe in Person ist, dass ER lebt ...

Das (Lebens-)Schiff ...

Unser Leben gleicht einer Schiffsreise ... Viele unterschiedliche Menschen sind unterwegs. Da gibt es Luxuskabinen, normale Kabinen ... da gibt es Menschen, die bedient werden, und solche, die dienen. Da gibt es Crewmitglieder, die man gar nicht sieht, weil sie im Verborgenen arbeiten. Sie stehen im Maschinenraum oder in der Küche und sorgen dafür, dass alles glattläuft. Man sieht sie nicht, und doch ginge ohne sie nichts. Ein jedes Schiff hat seinen Kapitän. Ein guter Kapitän bleibt beim Untergang seines Schiffes bis zuletzt an Bord, ja, er würde sogar für seine Passagiere sterben.

Tatsache ist, dass ich für diese Reise das entsprechende Gepäck brauche. Ich habe ein Ziel und vertraue einem Menschen, den ich nicht einmal kenne, mein Leben an und vertraue darauf, dass er mich zu meinem Ziel bringt. Jeder, der einmal eine Schiffsreise gemacht hat, hat genau so gehandelt. Er vertraute sein Leben anderen an, die ihn ans Ziel bringen sollten. So ist es auch bei einer Zugfahrt oder beim Fliegen ...

Nun nehmen wir mal unser persönliches Leben. Jesus möchte der Kapitän unseres Lebens sein: Er möchte das Ruder in der Hand halten und unser Lebensschiff lenken. Was möchte er uns für diese Reise mitgeben? Er bietet uns an, die Schuld und unser Versagen zu tragen, er möchte ganz nah bei uns sein und uns zu gegebener Zeit stützen und tragen. Er möchte uns durch die stürmischen Meere hindurch und an den Eisbergen unseres Lebens vorbei sicher zum Heimathafen bringen. Der Heimathafen steht für das ewige Leben.

Was passiert, wenn wir dies alles über Bord werfen? Wir bleiben mit unserem Versagen alleine und haben keine Hoffnung auf ein ewiges Leben. Wie viel Freude habe ich im Hier und Jetzt, wenn ich davon ausgehe, dass alles in einer Urne oder einer Kiste in einem Grab endet? Wie viel Kraft kostet es mich, wenn ich alles alleine trage? Ich müsste die Stürme und das Umschiffen der Eisberge alleine bewältigen. Wie viele Menschen ertrinken hierbei, haben keine Kraft mehr oder prallen in dunkler Nacht auf einen Eisberg?

Deshalb bietet uns Gott durch seinen Sohn dieses unfassbare Geschenk an: Er möchte der Kapitän deines Lebens sein, denn er kennt das Schiff (dein Leben) am besten. Er weiß, wie man es durch stürmische Meere leitet und wo die Eisberge in dunkler Nacht lauern. Seine Crew arbeitet im Verborgenen ständig daran, dass dein Leben gelingt und du eines Tages sicher im Heimathafen ankommst. Das ist der Unterschied zu allen Religionen, einschließlich der Esoterik. Du musst gar nichts leisten ... Gott leistet für dich alles. Du hast keine universelle Energie, sondern eine Person als Gegenüber, die du mit „du" ansprechen kannst. Miteinander sprechen (beten) schafft Sicherheit und Vertrauen. Gott hat einen Plan für dein Leben. Er sehnt sich nach dir, er will dein Bestes ... vor allem aber wünscht er sich deine Liebe und dein Vertrauen. Er möchte dein Freund und vor allem der Kapitän deines Lebens sein.

Kurz bevor die *Titanic* unterging, gab es bestimmt viele, die Gott als Kapitän nicht wollten. Als die *Titanic* jedoch in dunkler und eisiger Nacht den Eisberg rammte, riefen sehr viele nach Gott, riefen zum wahren Kapitän ihres Lebens. Das letzte Lied, das an Bord der Titanic gespielt wurde, war „Näher, mein Gott, zu dir".

Genau das wünsche ich dir: Lass Gott ganz nah an dich ran. Bitte Jesus darum, der Kapitän deines Lebens zu sein. Gib ihm alle deine Ängste und Sorgen ab. Wenn du schon einem Lokführer, Schiffskapitän, Taxifahrer oder Piloten dein Leben anvertraust und erwartest, dass er dich gut ans Ziel bringt, wie viel mehr kannst du Jesus vertrauen, der dich kennt und liebt, der dich so sehr liebt, dass er sein Leben für dich gab. Was für ein Kapitän ...

Ich wünsche dir eine gute Reise.

Danke, Zufall

Immer wieder höre ich aus unterschiedlichen Richtungen, dass die Erde, die Menschen, die Tiere, ja einfach alles durch Zufall entstanden sei.

Deshalb möchte ich mir jetzt einmal die Zeit nehmen und dem Zufall danken. Danke, dass die Erde zufällig entstanden ist, danke für die Erdachse, danke, dass Wasser auf der Erde ist und dass der Abstand zu den Planeten und der Sonne so ideal ist, dass Leben bei uns existiert. Ich danke dem Zufall für die Jahreszeiten, für den Schnee im Winter und für die Wärme im Sommer. Ich danke ihm auch für den Regen – wie oft bin ich als Kind voll Freude in den Pfützen herumgehüpft (und mache das auch heute noch). Bei dieser Gelegenheit möchte ich dem Zufall noch dafür danken, dass ich überhaupt tanzen und hüpfen kann.

Danken möchte ich dem Zufall, dass er auf den Bäumen Essen wachsen lässt, dazu auch gleich noch ein Dankeschön, dass es überhaupt Bäume gibt, die rein zufällig das Kohlendioxid brauchen, das wir ausatmen, und uns dafür den Sauerstoff spenden, den wir zum Leben brauchen. Danke, dass Nahrung aus dem Boden kommt. Danke für die tollen Farben im Regenbogen. Das ist doch immer wieder ein schöner Zufall, vor allem, wie er zufällig so viele Herzen erfreut. Ach ja, an dieser Stelle danke für die Herzen. Boah ... sie pumpen täglich viele Milliarden Liter Blut durch Milliarden von Körpern bei Mensch und Tier. Wie er das wohl gemacht hat, der Zufall? Ach ja, ich vergaß es schon fast selbst, natürlich durch Zufall.

Danke für Schmetterlinge. Danke für Schneeflocken, jede einzelne ist ein Kunstwerk für sich und keine Flocke gleicht der anderen. Danke für Gehirne, sie sind wie gigantische Computer mit Mega-Speicherkapazitäten. Sie sind wie Festplatten, die unendlich viele Daten speichern, einfach so. Echt klasse. Ja, echt klasse, dass ich das hier eintippen kann. Dass zufällig ein PC vor mir steht und ich Finger habe. Ja, danke auch für Hände, echt klasse. Cool, dass man damit führen, in den Arm nehmen und tragen kann. Wirklich eine prima Sache, dass man damit helfen und trösten sowie schreiben kann. Enorm, dass die Texte, die ich in meinen PC eintippe, aus meinem Herzen entsprungen sind, also einem Herzen, das rein zufällig entstanden ist. Echt spitze, genial diese zufälligen Verbindungen.

All die vielen Zufälle mit den Augen zu sehen, ist auch wieder ein Zufall. Zufälle, die mit zufällig entstandenen Augen zufällig gesehen werden. In meinem Garten hüpfen zwei Eichhörnchen herum. Schön, wie verspielt sie sind, ihr Design ist grandios. Toll, wie das zufällig entstand ... auch die Lebensfreude der beiden, ja, der ganzen Tierwelt. Echt klasse. Sehen, das ist ja wirklich etwas ganz Komplexes ... toll, wie das Auge zustande kam. Augen gibt es ja bei Mensch und Tier zufällig milliardenfach. Ja, einfach so ... bin beGEISTert. WUNDERbar ...

Dann noch all die Gefühle dazu. Besonders die LIEBE! Also wie das der Zufall gemacht hat, da zieh ich meinen Hut. Das ist sein Meisterstück. Schmetterlinge im Bauch. Die Hand eines Sterbenden zu halten, zu lachen, zu trauern ... total genial. Dafür müsste man geradezu neue

Worte erfinden, vielleicht fällt mir da ja zufällig mal was ein. Danke übrigens auch für die Sprache.

Ich war bei der Geburt meiner Kinder dabei. Was für ein unbeschreibliches Gefühl! Diese unendliche Freude, wenn Leben geboren wird. Toll, dieser Zufall, und dass die Mamas gleich die Milch „mit an Bord" haben, rein zufällig, versteht sich. Ich bin sprachlos.

Danke, lieber Zufall, dass wir erkennen dürfen, dass diese Welt trotz aller Zufälle nicht in Ordnung ist. Danke, dass du uns die Sehnsucht gegeben hast nach Ordnung, nach Vollkommenheit. Danke für alle Sehnsüchte. Du bist genial, lieber Zufall!

Hast du auch Seelen gemacht, lieber Zufall? Haben wir überhaupt welche? Na klar, ein Mensch ohne Seele, das wäre grausam. Seelenlose Wesen, das wäre ja eine grauenhafte Vorstellung. Deshalb ein extra Kompliment, lieber Zufall, dass du Seelen erschaffen hast. Vielleicht finden wir ja mal zufällig heraus, wie du das gemacht hast, du kleiner Geheimniskrämer. Also jetzt mal im Ernst, danke, danke, danke, dass die kleinen Wuzele gleich eine Seele haben, wenn sie auf die Welt kommen. DANKE, ZUFALL!

Wie mich ein Kinderlächeln verzaubert, wie ich die Nähe von geliebten Menschen genieße, wie ich mich über Wertschätzung und Anerkennung freue. Wie geht das denn? Ach so, ich vergaß, natürlich durch Zufall. Genießen, sich freuen, lachen und weinen, glücklich sein und trauern. Wie wichtig sind doch all diese Gefühlsregungen. Danke, Zufall, dass du uns zufällig auch die Möglichkeit gegeben hast, etwas zu bewerten, zu erkennen und sogar eine persönliche Meinung zu haben.

Danke, lieber Zufall, dass der Igel zufällig Stacheln hat. Danke für die unendlich vielen Blumensorten. Danke für ihre Muster und Farben. Danke für die Menschen. Danke für die vielen zufälligen Schweißdrüsen. Danke für die Knochen und Haut, die einfach so mitwachsen. Danke für Millionen von Haaren (nun ja, bei mir sind es nicht mehr so viele, aber trotzdem danke auch für das Wenige).

Danke, dass Wunden sich von selbst schließen, heilen ... danke, dass du ans Heilen gedacht hast, eine prima Idee von dir, Zufall. Danke für die roten und weißen Blutkörperchen. Danke für den Daumen, ohne den wir nichts halten könnten. Besonderen Dank für alle Zehen. Danke für Ohren und Nasen, echt toll gemacht, Respekt. Ach ja, der Geschmack, danke, dass wir schmecken können. Danke, lieber Zufall für den Sternenhimmel, den ich so oft bewundere. Danke, dass wir Hoffnung in uns tragen, einfach so.

Danke, lieber Zufall, für romantische Sonnenuntergänge, danke überhaupt für Romantik.

Danke für Glaube, Hoffnung und Liebe. Das hast du obergenial gemacht, lieber Zufall. Das Größte aber von allen ist die Liebe, das hast du, lieber Zufall, ganz zufällig so prima und WUNDERbar gemacht.

Danke, lieber Zufall, dass du mir die Möglichkeit gegeben hast, zu danken.

Danke, Zufall, für alles, wofür ich dir noch gar nicht gedankt habe.

Bist du vielleicht auch nur ein Zufall, lieber Zufall?

Diese Zeilen fielen mir eben nur so zufällig ein.

Das verlorene Nest

Einst waren wir wie kleine Vögel. Wir hatten das perfekte Nest. Wärme, Nahrung, Gemeinschaft, wir waren beschützt und wurden mit allem versorgt, was wir brauchten. Wir konnten noch nicht selbst fliegen, darum gebot man uns, nicht am Nestrand zu balancieren ...

Obwohl wir wirklich alles hatten, war es uns nicht genug. Wir umgingen das Gebot und nahmen den Rand des Nestes ins Visier. Es kam das, wovor man uns aus Liebe gewarnt hatte, wir stürzten aus dem Nest, ja, wir stürzten alle ab. Da lagen wir nun mit gebrochen Flügeln hilflos im Dreck. All dies kannten wir zuvor gar nicht ... noch nie hatten wir gebrochene Flügel gesehen, auch wussten wir nicht, wie sich Schmerz anfühlt, und Dreck kannten wir auch nicht. So lagen wir nun da mit all unseren schrecklichen, neuen Erkenntnissen. Nur sehr schemenhaft konnte man in weiter Ferne noch das Nest erkennen ... So sehr wir uns auch anstrengten, wir konnten schon als kleine Vögel kaum fliegen, aber mit gebrochenen Flügeln ging das erst recht nicht.

Traurigkeit machte sich in uns breit ... manche meinten, wir sollten wie wild mit den Flügel schlagen, vielleicht würde das helfen. Einige meinten, wir sollten erst mal atmen und zur Ruhe kommen, realisieren, wo wir seien, und das Beste daraus machen. Manche meinten sogar, es sei unsere Bestimmung, nicht im Nest zu sein, sondern hier im Dreck mit gebrochenen Flügeln ...

Manche piepten wie wild in Richtung Nest, in der Hoffnung, das Piepen würde sie nach oben tragen.

Doch dem war nicht so. All das Um-sich-Schlagen brachte nichts. Ebenso wenig zu verharren und ruhig zu atmen. Resignation brachte auch nichts. Viele pickten einander sogar die Augen. Nicht weil sie böse waren, sondern aus Trauer und Verbitterung. Sie hatten solche große Sehnsucht nach ihrem Nest und pickten vor lauter Schmerz wie wild um sich. Ich glaube, tief in ihrem Herzen wollten sie gar nicht verletzen; sie waren einfach nur unendlich traurig. Was wir auch taten, wir kamen unserem Nest kein Stück näher. Im Gegenteil, wir verloren mehr und mehr Kraft und somit auch unsere Hoffnung. Je mehr Zeit verging, desto mehr meinten wir, es hätte wohl nie ein Nest gegeben. Doch wir alle spürten, wir waren schon einmal da ... unser Herz, unsere Sehnsucht erinnerten uns jeden Augenblick daran ...

Plötzlich geschah etwas Unfassbares ... mitten in unsere Hoffnungslosigkeit, in den Dreck, ja, in all unsere Verzweiflung hinein kam eine Hand von oben uns entgegen.

Viele von uns waren so traurig und verunsichert, dass sie diese Hand blutig pickten ... manche rannten vor ihr davon. Aus großer Entfernung sah ich, wie viele es weiter mit ihren alten Mitteln versuchten ins Nest zu kommen. Doch ich war so müde und so verletzt ... in meiner ganzen Schwachheit ließ ich mich auf diese Hand ein. Nun bin ich immer noch in ihr und ich sehe das Nest immer näher kommen. Diese Hand, die mich führt und trägt, ist so angenehm warm. Mir wurde dies besonders bewusst nach der langen Kälte, die ich außerhalb des Nestes ertragen musste.

Diese Hand ist so angenehm und gibt mir denselben Schutz, wie damals in unserem Nest. Je mehr ich der Hand vertraue, desto ruhiger werde ich, das Nest kommt näher ... ich fühle mich sicher ...

Ja, mit jedem Augenblick kommt mein Nest, mein Zuhause näher ... ich kann es fast schon riechen, den Duft von Freiheit, den Duft meines Nestes. Die, welche schon oben sind, piepen und trillern voller Freude, weil ich näher komme, und ich pfeife mein schönstes Lied für sie und mit ihnen.

Ich bin noch nicht ganz angekommen, der Wind pfeift noch, ein bisschen Kälte spüre ich noch ... Hunger und Durst habe ich auch, aber bald habe ich es geschafft.

Doch was ist mit dieser wunderbaren Hand passiert? Die Hand, die mich führt, die mir Wärme gibt, die mich nach Hause bringt ... sie ist schwer verwundet, sie ist durchbohrt.

Durchbohrt von denen, die ihr nicht vertrauten. Sie haben sie mit ihrem Schmerz, ihren Schnäbeln und ihrer Trauer und dem Zorn um das verlorene Nest durchbohrt.

Die Hand jedoch nahm all den Schmerz in Kauf, um viele Vögel und einen Vogel wie mich zu retten. Ich spüre in meinem kleinen, vor Aufregung schlagenden Herzen, dass diese Hand alle retten möchte. Doch so viele haben sich gegen diese Hand entschieden. Sie flattern weiter mit ihren gebrochenen Flügeln, liegen im Dreck, picken sich gegenseitig blutig ... und blicken sehnsuchtsvoll hoch zum Nest.

Ihre Augen werden trüber und trüber ...

Ich war nie besser als die anderen Vögel, aber ich hatte keine Kraft mehr und war zu schwach. Ich fragte mich, was noch schlimmer sein könnte als diese Kälte, dieser Dreck und Hunger und Durst. Ja, was konnte noch schlimmer werden als der Ort, wo ich war? So vertraute ich dieser Hand, mich nach Hause zu bringen.

Die Umrisse werden deutlicher ... das Piepen lauter, die Freude größer. Das Nest mit all seiner Freude ist bereits in mir. Die Hand gab mir das, was mir all das Flattern, das Klagen und das sich gegenseitige Verletzen nicht geben konnten: Hoffnung. Ich wurde nicht enttäuscht. Ich hatte nichts mehr zu verlieren und ich habe alles gewonnen!

Bald bin ich daheim ... tatsächlich trage ich das Nest schon in meinem Herzen.

Die Hand, die man blutig pickte und durchbohrte, gibt mir Halt und führt mich ans Ziel.

„Mit seinen Schwingen bedeckt er dich, und unter seinen Flügeln findest du Zuflucht" (Psalm 91).

„Ich habe euch sicher hierher zu mir gebracht, so wie ein Adler seine Jungen auf seinen Flügeln trägt" (2. Mose 19).

„Wie ein Adler, der seinen Jungen das Fliegen beibringt, über ihnen schwebt und sie auffängt, seine Schwingen ausbreitet und sie auf seinen Flügeln in die Höhe trägt" (5. Mose 32).

Er macht mein Leben reich und erneuert täglich meine Kraft, dass ich wieder jung wie ein Adler werde" (Psalm 103).

Wir sind schon voll

Diesen Satz hörten Maria und Josef immer und immer wieder, als sie auf der Suche nach einer Herberge waren.

Nirgendwo hatten die Menschen einen Platz für sie, für Jesus. In eine Grotte, einen verfallenen Stall, hat man sie geschickt. Gott wird abgelehnt und in den Dreck verwiesen.

Als Pilatus dem Volk die Wahl ließ, ob sie Barrabbas oder Jesus haben wollten, da schrie die Menge: „Den Jesus wollen wir nicht, wir wollen den anderen!" Die Welt hat sich nicht verändert. „Wir sind schon voll", schreit die Welt. „Wir brauchen ihn nicht!"

Die Welt hat sich anders entschieden, man ist sich selbst Gott oder man lebt in Gleichgültigkeit. Man hat Glücksbringer und vergisst, dass Gott unser Glück ist.

Was brachte uns das Baby, das da im Dreck geboren wurde? Alles. Es versöhnte uns mit Gott, es nahm unser aller Versagen und alle unsere Schuld auf sich. Es schenkte uns die Ewigkeit. Kurz bevor mein Papa starb, betete er, und dann sprach er: „Ich gehe jetzt nach Hause." Ja, bei Gott ist der Ort, wo wir geliebt sind bis in alle Ewigkeit. Wer ihn heute schon in sein Herz einlädt, der trägt dieses Zuhause, die Ewigkeit schon in sich. Mein Vater hat es erkannt, er hörte auf mit der Welt im Chor zu rufen: „Wir sind schon voll." Er hat seine Leere erkannt und lud Jesus in sein Leben ein. Dietrich Bonhoeffer sagte kurz vor seiner Hinrichtung: „Jetzt beginnt das Leben."

Ein Wunder, ein Traum, das Unfassbare wurde wahr. Gott wurde Mensch und er möchte unsere Herzen mit seiner Liebe füllen und unsere Sehnsüchte stillen.

Viele Menschen glauben an die Karma-Lehre, die im Wesentlichen besagt, dass wir bekommen, was wir verdienen. Doch dieses Kind kommt, um das zu tragen und zu erleiden, was wir normalerweise verdienen. Wer dieses

Geschenk annimmt, erlebt eine nie gekannte Freiheit. Jeder kann jeden Augenblick neu anfangen. Zwei Dinge begeistern mich an der guten Nachricht, die Jesus uns gebracht hat: dass Gott ein Vater ist, dass er sogar ein liebevoller Papa ist und dass er die Liebe selbst ist, ja, die Liebe in Person. Ein liebevoller Vater, ein Vater voller Liebe.

König und Freund

Ein König, der kam um zu dienen,
ein König, der kam um zu geben.
Ein König, der alles gab,
seine Liebe und sein Leben.
Ein König, der seine Würde verlor,
damit wir unsere finden.
Ein König, der sich gefangen nehmen ließ,
damit wir frei sind.
Ein König, der starb, damit wir leben.
Ein König, der das Grab lebendig verließ,
damit der Tod seinen Schrecken verliert.
Ein König, der niederkniete,
um seinen Freunden die Füße zu waschen,
obwohl er wusste, dass sie alle weglaufen würden.
Ein König, der sich nach unserer Liebe sehnt.
Ein König, der die Himmelskrone
gegen eine Dornenkrone austauschte.
Er ist der König der Könige – JESUS
Er ist mein König und mein Freund.

ES GIBT ...

Es gibt Fragen, auf die haben wir keine Antwort.

Es gibt Dinge, bei denen stockt uns der Atem.

Es gibt Tage, die wünschten wir, nie erlebt zu haben.

Es gibt Schmerzen, die wünschten wir, nie gespürt zu haben.

Es gibt Zeiten schwerer Dunkelheit, wo wir kein Licht mehr sehen.

Es gibt Augenblicke, wo es uns den Boden unter den Füßen wegzieht.

Doch es gibt einen ...

der mir eines Tages alle Fragen beantwortet,

der mich wieder frei atmen lässt,

der alle Tränen abwischen wird und alle Tränen in einem Krug sammelt.

Es gibt einen, der sagt: „Ich bin das Licht der Welt."

Es gibt einen, der uns trägt, wenn wir selbst nicht mehr gehen können.

Er ist der ...

der die Blinden sehen lässt,

die Lahmen gehen lässt,

die Tauben hören lässt,

die Toten auferweckt.

Wenn alle Tränen geweint sind ...

wenn alle gegangen sind,

wenn nichts mehr trägt,

wenn Einsamkeit, Kälte und Trauer uns umringt ...

ER ist da, wenn alle gegangen sind.

ER ist die Hoffnung unseres Lebens.

ER tröstet uns, wenn uns nichts mehr tröstet.

Er spricht: „Ich lasse dich nicht fallen und verlasse dich nicht."

Darauf vertraue ich heute ... auch in Erinnerung an den schlimmsten Tag meines Lebens.

Ich vertraue auf IHN – sein Name ist JESUS

(Diese Zeilen schrieb ich an einem Jahrestag des schrecklichen Unfalls meiner Familie.)

Friedhofsgedanken

Vor einiger Zeit ging ich mit meiner damals 81-jährigen geliebten Tante auf den Friedhof. Wir besuchten die Gräber von einigen unserer Lieben.

Während wir über den Friedhof liefen, fiel mir auf, wie viele Menschen, die ich gekannte habe, schon gestorben sind.

Wie die Zeit vergeht. Unterwegs begegneten wir anderen Friedhofsbesuchern. Wir kamen ins Gespräch. Trauer beherrschte die Menschen.

Ich schaute mir verschiedene Grabsteine und Inschriften an. An manchen Gräbern war auch ein Bild des Verstorbenen zu sehen.

Sätze wie „Ruhe in Frieden", „Wir sehen uns wieder" oder „Gott gebe dir die ewige Ruhe" drückten Hoffnung und Trost aus.

Auf machen Grabsteinen standen sogar Gedichte.

Was bleibt von uns, wenn wir einmal gehen? Was bleibt, wenn wir liebe Menschen verlieren?

Jedes Grab, jede Inschrift, jedes aufgestellte Kreuz enthielt eine Botschaft der Hoffnung, des Friedens, der Ruhe, des ewigen Zuhauses und des Trostes ... gegründet in der Liebe Gottes.

Wenn Gott die Hoffnung im Sterben und im Tode ist, sollten wir ihn dann nicht im täglichen Leben haben?

Es war eine sehr emotionale Zeit mit meiner Tante und so vielen Erinnerungen, Begegnungen, Gedanken und Gesprächen.

Wie schön, dass meine Tante und ich einfach so beten können, ohne den Tod und das Sterben vor Augen. Zweifellos, Gott ist die Hoffnung für Sterbende. Aber er ist ein Gott der Lebenden, ein lebendiger Gott. Wir dürfen ihn lieben und ihm vertrauen, nicht nur in Trauer, sondern an jedem Tag unseres Lebens – einfach so, aus unserer Sehnsucht nach dem Leben heraus, damit wir auch im Leben wieder viel mehr Halt und Hoffnung haben.

Ach ja, es hat ja schon viele gegeben, die über mich lachten oder sich daran störten, wenn ich von Gott sprach. Manchmal verdrehten sie auch ihre „Äuglein". Doch von allen Menschen, die ich verlor, von allen, mit denen ich während ihres Sterbens über Gott sprechen konnte, ist mir noch KEINER begegnet, der darüber lachte oder ärgerlich wurde. Keiner von diesen stieß Gott von sich; im Gegenteil, sie wurden still, kamen zur Ruhe und waren dankbar.

Viele von denen, die dann diese Welt verließen, sagten mir, sie würden heimgehen ...

Daheim? Das ist der Ort, wo man geliebt ist und wo man hingehört ... dort, wo die Liebe ist, bei Gott.

Gott ist die Liebe.

Dieses Zuhause und diese Liebe trage ich jetzt schon in meinem Herzen.

Wenn alle Träume platzen,
wenn alles Irdische zerbricht,
will ich mich an den halten,
der hier das Leben schon verspricht.
Ich will ihn jetzt schon lieben
und ehren allezeit
von nun an bis in Ewigkeit.

Wer bist du?

Bist du das, was die Welt von dir denkt? Da gibt es jene, die dich lieben, und manche, die dich hassen. Bist du das, was du selbst von dir denkst? Da gibt es Tage, an denen bist du stolz auf dich, und an manchen Tagen fühlst du dich schwach und wie ein Versager. Wer bist du wirklich?

Was denkt Gott über dich? Du bist geliebt – so sehr, als gäbe es keinen anderen Menschen auf dieser Welt. Seine Meinung über dich ändert sich nie, seine Liebe bleibt. Wer bist du also wirklich, was oder wer möchtest du sein? Was die Welt sagt, ist unbeständig, das schwankt hin und her.

Ich bin in Ewigkeit ein Kind Gottes. Bin geborgen in Gottes Liebe, egal, was die Welt oder auch ich selbst oft von mir denke. Mein Leben ist in seiner Hand. Er gibt mir den wahren Frieden, den mir die Welt nie geben kann.

Das Finale

Da saßen im Sommer 2014 zig Millionen beim Finale Deutschland gegen Argentinien vor den TV-Geräten und Großleinwänden. Sie fieberten mit, sangen, schwitzen und tobten, auch meine Familie, meine Freunde und ich. Man hörte während des Finales Sätze wie: „Wo ist die Erlösung?", „Wer erlöst uns?" und am Ende, als es feststand, dass unsere Jungs Weltmeister waren, hörte man Sätze wie: „Es ist vollbracht."

Ich gehöre zu den Christen, die leidenschaftlich gerne Fußball spielen, ja, fast jeden Tag spiele ich selbst in unserem Garten mit einem Ein-Euro-Gummiball mit meiner Tochter, meinem Sohn, wenn er zu Besuch kommt, sogar mit meiner Mama und natürlich mit Freunden. Bei Fußballturnieren fiebere ich mit und leide manchmal auch mit. Doch das alles sind Momentaufnahmen, ruck zuck ist alles schon wieder Geschichte. Immer wieder hörte ich den Satz: „GÖTZEIDANK" in Anlehnung an den Spruch „Gott sei Dank", weil Mario Götze den Siegtreffer schoss. Unzählige Male hörte man diesen Satz, und meistens wird er gedankenlos ausgesprochen. Gott sagt: „Du sollst meinen Namen nicht missbrauchen." Im Umkehrschluss bedeutet es, dass wir ihn zum Loben, Danken und Bitten gebrauchen dürfen. Vielleicht wäre es besser, wenn diejenigen, die Gott ohnehin nicht ehren und lieben, von nun an immer „GÖTZEIDANK" sagen ...

Fast ein ganzes Land fühlte sich damals als Weltmeister, doch der Alltag hatte alle sehr schnell wieder gefangen genommen. Was bleibt außer der Erinnerung? Einträge in Geschichtsbüchern, Momentaufnahmen in Fotoalben, Berichte, Clips usw?

Was ist, wenn das Finale unseres Lebens kommt? Diese 120 Minuten gegen Argentinien waren nervenaufreibend, da kam vieles zum Vorschein, wie ich den Berichten entnehmen konnte: Angst, Ohnmacht, Spannung, Leiden, Jubel, Freude usw.

Wie wird es bei unserem persönlichen Finale sein? Ich durfte einige Menschen in ihren letzten Tagen, bei ihrem ganz persönlichen Finale begleiten. Auch da war es so: Da war Angst, Anspannung, Sorge ... bei vielen aber auch Jubel, Zuversicht und Freude.

Während des Endspiels in Rio de Janeiro sah man die Christus-Statue in der Sonne und der Reporter sagte: „Christus, der Erlöser" ... Oh, wie freute ich mich, dass diesen Satz unzählige Millionen hörten, und dann sagte er: „Wer erlöst Deutschland?" Ich frage: „Wer erlöst dich und mich, wer erlöst die ganze Welt???"

Mario Götze??? Schweinsteiger??? Jogi Löw??? Nein, mit Sicherheit nicht. Die brauchen selbst Erlösung. Nicht erst in der 113. Minute, sondern am besten JETZT und auf jeden Fall in ihren letzten „Spielminuten" auf Erden.

Wer erlöst uns von unserer Schuld, unserem Versagen, unseren Lebenswunden??? Der Reporter hatte recht: „Es ist Christus, der Erlöser."

Oben auf der Müllkippe Jerusalems, auf dem Hügel Golgatha, starb er qualvoll am Kreuz. Er trug die Sünden der Welt, er nahm alle Schuld auf sich und verblutete schrecklich. Er war von Gott und Mensch verlassen wegen unserer „Lieblosigkeit" Gott gegenüber. Man bohrte Nägel in seine Hände, weil wir mit unseren Händen oft schlechte Dinge getan oder Gutes unterlassen haben. Man bohrte Nägel in seine Füße, weil wir so oft falsche Wege gegangen sind. Dort, am Kreuz, versöhnte der Erlöser die Menschen mit Gott.

Sterbende haben noch nie bedauert, dass sie Gott liebten. Ich habe erlebt, wie Menschen im Todeskampf dem Erlöser ihr Vertrauen aussprachen und dann in ihrer persönlichen 113. Minute erlöst wurden, kurz vor ihrem persönlichen Schlusspfiff.

Was bleibt? Der WM-Pokal wird eines Tages irgendwo verrotten und die Bilder werden verblassen.

Jesus spricht: „Himmel und Erde werden vergehen, aber meine Worte bleiben."

Menschen kommen und gehen.
Dichter, Politiker, Philosophen alle kamen und gingen.
Wo heute gejubelt wird, wird vielleicht schon morgen getrauert.

Diese Zeilen schrieb ich am Todestag meines Papas. Bei seinem persönlichen Schlusspfiff war er erlöst von aller Schuld, erlöst von seinen Lebenswunden durch „Christus, den Erlöser".

Schiffbruch

Ertrinken, erfrieren oder von Haien gefressen werden? Worauf liegt dein Fokus, wenn du als Schiffbrüchiger im offenen Meer treibst? Wenn sich uns in einer solchen Situation eine rettende Hand aus einem Helikopter entgegenstreckt, dann steht nicht mehr die Bedrohung des Meeres mit all seinen Schrecken im Fokus, sondern unsere Freude auf die Rettung wäre doch größer als alle Gefahren und Bedrohungen. Die eine Hand, von dem da oben, die sich uns entgegenstreckt und die uns Leben und Sicherheit garantiert, sollte dann der alleinige Fokus sein.

Worauf richtest du deinen Blick? Jesus ist diese rettende Hand. Wie oft drohen wir in einem Meer von Schuld und Versagen zu versinken? Wie kalt ist es doch in der Welt geworden und wie viele Haie schnappen nach uns. In fast allen Religionen muss der Mensch sich selbst retten und erlösen. Er muss sich anstrengen und Leistung erbringen! Wie lange müsste er wohl strampeln mitten im Meer? Wie lange könnte er das überhaupt durchhalten? Nein, das eigene Rudern und Strampeln wird uns nichts bringen, gar nichts! Auch sämtliche Glücksbringer, Karten, Energiearmbändchen und Horoskope helfen nicht vor dem Ertrinken und all den anderen Bedrohungen.

Keiner, der mit mir im Meer ums Überleben kämpft, könnte mich retten, auch nicht einer, der aus der Tiefe käme, nur einer, der von oben kommt. Einer, der von oben die Weite des Meeres sieht und sämtliche Schrecken von dort aus erkennt, nur der kann helfen. Mitten in all den Gefahren und der Kälte streckt sich uns seine

Hand aus dem Himmel entgegen. Wie wunderbar! Rettung ist da! Das Meer wird uns nicht verschlingen. Die Kälte wird uns nicht lähmen und erstarren lassen, die Haie werden ins Leere schnappen. Wir sind frei! Gerettet! Jesu Name ist Programm, denn Jesus bedeutet übersetzt Rettung!

Das Evangelium Jesu Christi ist die frohe Botschaft. Es beinhaltet die nüchterne Erkenntnis, dass keiner sich selbst erlösen kann. Wir alle brauchen die rettende Hand vom Himmel herab. Keiner kann sich selbst von Schuld befreien, deshalb tat Christus das mit seinem Leben, seinem Leiden und seinem Sterben. Keiner von uns kann den Tod besiegen. Jesus aber hat es getan.

Mir begegnen jährlich Zigtausende von Menschen, in Gefängnissen, Heimen, Firmen, Schulen usw. Viele tragen schwer, leiden unter der Kälte in der Welt und leiden unter Haien, die stets suchen, wen sie als Nächstes zerstören können, weil sie selbst einmal verletzt worden sind.

Einige Menschen habe ich auf ihrem letzten Lebensweg begleitet. Jene, die auf Gott vertraut haben, kämpften nicht mehr mit dem Meer von Schuld, mit der Kälte oder mit den Haien. Oft sagten sie mir, dass sie nun nach Hause gehen würden.

Ich brauche keine Methoden, wie ich mein inneres Gleichgewicht finde, keine besondere Atemtechnik, keine sonstigen nebulösen neuen Lehren, und schon gar keine Glücksbringer. Ich brauche einzig und allein Jesus Christus. Ich halte mich an seiner Hand fest und möchte sie nicht mehr loslassen. Ich möchte nicht mehr „Gott-los" sein. Ich würde ertrinken ohne ihn.

Der Rummelplatz des Lebens

Ein Vater nahm seinen geliebten Jungen mit auf einen Rummelplatz. Hand in Hand schlenderten sie an den Buden vorbei. Sie bestaunten die unterschiedlichen Karusselle, wobei der Geruch von Würstchen und gebrannten Mandeln sie umhüllte. Es war ein riesiger Rummelplatz. Menschen liefen lachend an ihnen vorbei, aus den Gondeln vernahm man kreischendes Schreien. Es gab aber auch Menschen, die miteinander stritten; sogar eine Schlägerei erlebten sie am Rande eines Zelteinganges. Erstaunt, aber gelassen, nahm der Junge dies an der Hand des Vaters zur Kenntnis.

Immer wieder bat der Junge den Vater, doch auch mal mit einem der Karussells ein paar Runden fahren zu dürfen. Das ließ sich der Vater nicht zweimal sagen. Erfreut über die Bitte seines Sohnes stimmte er zu. Ihre gemeinsame Freude war grenzenlos. Doch hin und wieder verbot der Vater seinem Sohn etwas, was der Junge dann gar nicht verstand. So bat er den Vater, er möge ihn doch mal alleine ziehen lassen. Er wollte noch mehr Spaß haben. Er wollte nicht immer mit Vater herumziehen, sondern mal ganz alleine alles ausprobieren.

Der Vater sah ihn sorgenvoll an, und mit liebevollen, aber eindringlichen Worten bat er seinen Sohn, doch an seiner Seite zu bleiben, da der Rummelplatz so manche Gefahr bergen würde. Da lachte der Sohn seinen Vater aus: „Gefahr? Zwischen Imbissbuden und Karussellen? So ein Quatsch ... Bitte gib mir Geld, ich wette, ich hab noch viel mehr Spaß ohne dich."

Der Vater spürte, dass er den Sohn nicht gegen dessen Willen halten konnte. Schließlich war er ja im Begriff, so langsam erwachsen zu werden. Der Vater sah seinem Kind in die Augen und sagte voller Liebe zu ihm: „Vergiss nicht, der Rummelplatz hat viele Gefahren. Wenn du mich brauchst, bin ich immer für dich da. Dort hinten an der Kreuzung werde ich sein, wenn du es dir anders überlegst. Ich werde warten, selbst wenn es so lange dauert, wie das Fest hier geht. Ich werde dort an der KREUZung auf dich warten."

Der Sohn lachte und meinte: „Ach Vater, ich will endlich mein eigener Herr sein, ich bin doch schon so groß, ich brauch dich nicht." Er nahm das Geld und verschwand in der Menschenmenge. Einmal noch drehte er sich kurz um und bemerkte, dass sein Vater ihm sorgenvoll hinterher schaute.

Die Lichter des Festes umgaben den kleinen Mann. Jetzt, wo er alleine war, kam ihm der Rummelplatz noch größer vor. Endlich konnte er aber alles ausprobieren, was er schon immer gerne machen wollte.

Zuerst kaufte er sich eine Menge Süßigkeiten, die er binnen kurzer Zeit verspeist hatte. Danach kam er ohne jegliche Probleme an Alkohol ran, obwohl er eigentlich keinen hätte bekommen dürfen. Ja, es war ein Kinderspiel ... Zigaretten, Alkohol ... er bekam alles. Da war es, das gigantische Megakarussell ... das, welches ihm sein Vater nicht erlaubt hatte. Obwohl er schon nicht mehr wusste, wo oben und unten ist, da musste er mitfahren. Es schüttelte ihn durch, von oben nach unten, von links nach rechts ... im Kreis, hin und her, immer schneller und schneller. Er war froh, als er endlich wieder sicheren Boden unter den Füßen hatte.

Ihm war jedoch so schlecht und schwindelig, dass er das Gefühl hatte, der Boden würde sich auch drehen. Er torkelte Richtung Autoscooter; dort setzte er sich auf den Boden. Im Nu war er von einer Clique umringt, alle wesentlich älter als er. Er fand das cool ... sie lachten und grölten um die Wette und irgendwie wurde er zum Mittelpunkt. Die Mädchen geizten nicht mit ihren Reizen und die Jungs übertrafen sich gegenseitig mit großen Sprüchen. Einige machten sich an die Mädchen heran und manch ein Mädchen lief danach mit verweinten Augen an ihm vorbei. Bis es auf einmal hektisch wurde. Streit um ein Mädchen, ein Handgemenge ... Geschrei und er mittendrin. Fäuste flogen, er ging zu Boden ... man trat nach ihm. Er rappelte sich auf, aber keiner war da, der ihm half. So ergriff er die Flucht und versteckte sich hinter einer Imbissbude. Blut lief ihm aus Nase und Lippe ... eine freundliche Hand reichte ihm plötzlich ein Taschentuch. Wie aus dem Nichts erschien diese Hand und ein junger Mann sprach ihn an: „Na, so ganz alleine ohne Papa mitten in der Nacht, das kann aber nicht gut gehen." „Das geht Sie gar nichts an, ich mach was ich will", reagierte der Junge zornig. „Ich kenne deinen Vater sehr gut, er bat mich, dir auszurichten, dass er an der KREUZung auf dich wartet", gab ihm der junge Mann zur Antwort. Bockig gab ihm der Junge folgende Antwort: „Sagen Sie meinem Vater, ich brauch keinen Aufpasser, ich weiß, was ich tue ... und ich habe eine Menge Spaß ohne ihn!"

Ernsthaft schaute der Mann ihn an und sagte: „Vergiss nicht, wenn du ihn brauchst, er ist dort an der KREUZung." Wütend und genervt machte der Junge sich wieder auf den Weg. Mittlerweile wusste er nicht mal mehr, was schlimmer war, die Süßigkeiten, der Alkohol, die rasante Fahrt, die Schläge oder das Alleinsein unter all den vielen Menschen ... es war wohl eine Mischung aus allem. Vielleicht hatte er auch nur kein Glück. Ja, vielleicht fehlte ihm das Glück. Er erinnerte sich, als er mit seinem Vater an einem Esoterikstand vorbeigekommen war und einen Glücksstein kaufen wollte, dass der Vater es ihm ebenso verboten hatte, wie in das Zelt der Wahrsagerein hineinzugehen. Das war es, hier konnte er bestimmt sein Glück finden. So investierte er sein letztes Geld in einen Glücksstein. Den Traumfänger wollte er nicht kaufen, da er ja nicht einmal wusste, wo er in dieser Nacht schlafen würde. Doch der Stein hing hässlich und schwer an einer Kette um seinen Hals. Irgendwie hatte der Junge das Gefühl, jetzt sei alles noch schwerer. Die Wahrsagerin sagte ihm nur Dinge, die er ohnehin schon wusste und die außerdem auf jeden anderen auch hätten passen können.

Der Blick in die Kugel und in die Sterne brachten ihm jedenfalls kein Glück. Schlecht war ihm, das Blut bildete eine Kruste auf seiner Haut, seine Klamotten waren schmutzig und er stank nach Alkohol und Zigaretten.

So also endete sein Abenteuer, alleine, schwindelig, verzweifelt und voller Schmerzen. Er dachte an den jungen Mann, der Grüße von seinem Vater bestellt hatte, und natürlich an seinen Vater selbst. Er hatte versprochen, an der Kreuzung zu warten. Sollte er hingehen? In seinem Zustand? Voller Schmerz, Dreck, Alkohol und Blut?

Wie würde der Vater reagieren, nachdem er ihn verlassen und so große Töne gespuckt hatte und sogar über ihn gelacht hatte? Während er noch nachdachte, nahm er den Geruch von Mandeln, gebratenen Würstchen und Hähnchen wahr. Als er mit seinem Vater Hand in Hand über den Platz gelaufen war, hatte er diesen Geruch ganz anders wahrgenommen, viel intensiver. Nun merkte er, warum der Vater es ihm nicht erlaubt hatte, am Esoterikstand einzukaufen oder sich bei der Wahrsagerin Rat zu holen. Er hatte doch schon das größte Glück, seinen Vater, und wenn er Rat brauchte, dann konnte er seinen Vater fragen. Selbst vor der Schlägerei war er sicher, weil sein Vater ja da war ... dies alles wurde dem Jungen plötzlich bewusst. Da drehte er sich um, ja er kehrte um ... und lief Richtung „KREUZ"ung. Er stellte fest, dass sein Vater noch wie versprochen dastand. Wie würde er wohl reagieren? Er rannte seinem Sohn entgegen; der Dreck, das Blut, der Gestank von Alkohol und Zigaretten machten ihm nichts aus ...

„Papa, verzeih, ich wollte ohne dich den Rummelplatz erobern und es ging total schief. Was du mir verboten hast, diente tatsächlich zu meinem Besten. Du bist mein größtes Glück. Mit dir zusammen kann ich die rasantes-ten Fahrten machen. Du kennst die Gefahren und du bist der Stärkste. Du bist mein Papa, verzeih mir."

Der Papa weinte vor Freude, keine Ablehnung, kein Zorn, nur grenzenlose Liebe. So schloss der Vater sei-nen Sohn in die Arme und trug ihn nach Hause. Der Bote des Vaters stand ein paar Meter abseits und freute sich mit dem Sohn und dessen Vater. Er wusste, zuhau-se würden die Wunden versorgt werden, zuhause würde er gesund werden ... Zuhause würde er keinen Gestank, keine Gewalt und keine Ablehnung, sondern nur Liebe antreffen. Sorgenvoll blickte der junge Mann in die Men-schenmenge. Er sah die grellen Lichter, die Verlockun-gen, vernahm den süßen Geruch und sah die Trauer all derer, die ohne ihren Vater da waren. Vor ihm lag etwas auf dem Boden, ein Stein ... an einer Kette. Diese hatte der Sohn weggeworfen, nachdem er sein wahres Glück wiedergefunden hatte. Dieses Glück hatte ihm der Rummelplatz mit all seinen Verlockungen und Versprechen nicht geben können. Er war zuhause, am Herzen seines Vaters ... Dort sind wir alle zuhause, am Vaterherzen Gottes.

Es ist ...

„Es ist nicht ganz so wichtig, woher du kommst, sondern vielmehr, wohin du gehst."
„Es ist nicht ganz so entscheidend, wer dich verwundet hat, sondern vielmehr, wer dich heilt."
„Es ist nicht ganz so wichtig, wer dich enttäuscht hat, sondern vielmehr, wer dir Hoffnung gibt."
„Es ist nicht so bedeutend, wer dich fallen ließ, sondern vielmehr, wer dich trägt."

Überführt und entwaffnet

Wie oft trachten wir danach, Menschen zu verletzen, sie zu verbiegen und klein zu machen, Macht über sie auszuüben ... und wie oft tragen wir sogar noch Waffen mit uns herum? Wie oft setzen wir diese Waffen ein? Da ein verletzendes Wort, da ein zynischer Kommentar, hier eine hasserfüllte Mail und dort das hässliche Getratsche hinter dem Rücken anderer. Unsere Waffen sind subtiler geworden. Manche ist auf Anhieb gar nicht als Waffe erkennbar, erst dann, wenn sie gnadenlos zugeschlagen hat.

Da muss ich besonders an eine Geschichte aus der Bibel denken. Da hetzte die Meute eine Ehebrecherin durch die Gassen und wollte sie steinigen. Sie zerrten sie vor Jesus. Bewaffnet mit Steinen standen sie mit hasserfüllten Gesichtern da. Sie wollten nicht nur die Frau töten, sondern zugleich Jesus mit auf die Probe stellen. Sie waren von Wut, Hass, Rechthaberei und Besserwisserei getrieben. „Meister", nannten sie ihn spöttisch. „Diese Ehebrecherin ist auf frischer Tat beim Ehebruch ertappt worden, sie muss gesteinigt werden."

Sie fühlten sich im Recht und waren bereit, gleich loszulegen. Einer nach dem anderen stellte sich in Position. In der Gemeinschaft waren sie stark. Es konnte nur noch wenige Minuten dauern, dann hätte das Schauspiel ein Ende gehabt und die Hure hätte blutüberströmt und leblos im Dreck gelegen.

Jesus schaute sich die Menschenmenge an und dann die Frau. Danach sprach er zu den Menschen einen Satz, der so unbegreiflich stark ist, dass ich gar nicht weiß, wie ich ihn ankündigen kann, darf ... muss: „Wer ohne Sünde ist, der werfe den ersten Stein."

Von ihrem Gewissen überführt, ließen sie die Steine, ihre Waffen, fallen ... und gingen weg.

Alle Rechthaberei, jeder Hass und alle Wut waren weg. Ein paar Worte von Jesus und die Dunkelheit musste weichen.

Jesus sprach nur einen kurzen Satz, da dachten sie an ihren eigenen Schmutz, an ihre Schuld und wie oft sie selbst versagten. Jesus selbst war frei von Schuld; er hätte den Stein werfen können, doch weil er voller Liebe und Barmherzigkeit war, half er ihr aus dem Dreck heraus und behandelte sie unglaublich wertschätzend, indem er sie bat, nicht mehr zu sündigen.

Ich glaube, dass viele Jesus deshalb nicht mögen. Er ist das Licht der Welt. Wenn ich in einem alten Keller Licht anmache, dann kommt zuerst das ganze Ungeziefer, dann kommen Mäuse und Ratten zum Vorschein, alles, was sich dort versteckt hat. Wenn wir Jesus ernst nehmen, wird das Chaos unseres Lebens offenbar. Davon lenken wir gerne ab, indem wir auf anderen herumhacken – in Schulen, Firmen, Familien und auch Gemeinden.

Wie oft hat Jesus mich schon entwaffnet und überführt ... unendlich viele Male. Doch er lässt es dabei nicht bewenden. Am Kreuz auf Golgatha starb er qualvoll und nahm alles auf sich: alle unsere Lieblosigkeiten, alle Angriffe, jegliches Versagen. Er bezahlte für alles.

Sein Wort entwaffnet, macht uns frei von Hass. Er überführt uns mit Liebe und Wahrheit. Wer Jesus hat, muss keine Steine mehr werfen, keine bösen Kommentare geben, keine zynischen Mails versenden und sich auch nicht am Tratsch beteiligen, um andere zu verletzen. Menschen verletzen meistens, weil sie selbst verletzt worden sind ...

Gib deinen Schmerz und alles, was man dir angetan hat, Jesus ans Kreuz ... dort kommen wir zur Ruhe, dort werden wir frei ... dort können wir alle Steine fallen lassen.

Damals wie heute werden die Worte Jesu belächelt oder angegriffen.

Aber wenn alle gegangen sind, ist er noch da und bleibt in Ewigkeit.

Der (heilsame) Tisch

Es ist schon faszinierend, wie viel kostbare Zeit an einem Tisch verbracht wird und was es alles für Tische gibt: Mittagstisch, Kabinettstisch, Frühstückstisch, Wickeltisch usw.

Hochzeiten werden ebenso an Tischen gefeiert wie Leichenschmause. Klärende Gespräche finden oft an einem Tisch statt, und sogar Einstellungsgespräche werden dort gehalten. Wenn man sich Fotoalben anschaut, wird man feststellen, wie oft man irgendwo zu Tisch saß. Dort wird gegessen, getrunken, gelacht, zugehört, gesprochen und geweint. An einem Tisch passiert viel heilsame Therapie. Laut einer Studie verbringen wir Deutsche unsere Mahlzeiten mehr und mehr vor den TV-Geräten oder einem PC oder essen hektisch zwischendurch. Die meisten essen alleine, weil sie einsam sind oder aber nicht mit anderen an einem Tisch sitzen wollen. Dabei ist dort der Ort der Begegnung, wo man sich wieder in die Augen schaut.

Wenn ich mir mein Leben anschaue, stelle ich fest, dass Tischgemeinschaft immer heilsam für mich war. Mit meinem Vater saß ich nach unserer Versöhnung wieder an einem Tisch und hörte ihm zu, wie er aus seinem Leben berichtete. Ich lernte ihn besser kennen und noch mehr lieben. Immer wieder gab es gute Begegnungen an einem Tisch. Daher ist es für meine Familie und mich wichtig, immer wieder Menschen einen Platz an unserem Tisch anzubieten. Es ist wunderbar, selbst einen Platz an einem Tisch zu haben und einen anbieten zu können.

Ich bin so fasziniert, dass Jesus selbst immer wieder die Gemeinschaft mit Menschen an einem Tisch suchte. Noch kurz vor seinem Tod versammelte er seine Freunde um sich und sprach ihnen seine Liebe und Wertschätzung aus. Welch ein Gott, der dich und mich an seinen Tisch einlädt, damit dort alle unsere Sehnsüchte gestillt werden. Dort dürfen wir ankommen und zuhause sein. Dort dürfen wir unser Herz ausschütten, und dort werden wir gehört. Denn einen Platz zu haben, bedeutet auch, geachtet und geliebt zu sein.

Wir sollten mehr mit unseren Lieben an einem Tisch sitzen, wir sollten auch mit denen an einem Tisch sitzen, mit denen Klärungsbedarf besteht. Es gibt unzählige Anzeigen wegen Nachbarschaftsstreitigkeiten, die Welt braucht dringend Tischgemeinschaft.

So viele Nationen sind miteinander zerstritten und leben im Krieg; sie sollten sich ganz schnell an einen Tisch setzen.

Gott selbst weiß am besten, was gut für uns ist. Er hat es uns durch seinen Sohn gezeigt. Jesus saß an vielen Tischen, bei der Hochzeit zu Kana, im Haus des Zachäus, mit den Jüngern in Emmaus .... Gott sehnt sich nach Gemeinschaft mit dir und mir, er möchte uns ganz nah sein. Er ist kein höheres Wesen, das weit weg ist, sondern einer, der dich trägt, dir zuhört, dich tröstet, dich mit seiner Liebe umgibt und mit dir an einem Tisch sitzen möchte.

Wenn ihr auch im Streit lebt, so bietet einen Platz an eurem Tisch an.

Gebt denen einen Platz, die sonst keine Tischgemeinschaft haben. Das kann auch in der Kantine oder in der Mensa sein, viele sitzen dort allein. Am Tisch kommt man sich näher, spricht miteinander, schaut sich wieder in die Augen, lernt sich kennen und besser verstehen.

Ich habe viele heilsame Tischgemeinschaften erleben dürfen und wünsche euch von Herzen, dass ihr dieselben Wunder erlebt, wie ich sie oft erleben durfte.

Diese Welt braucht viel mehr kostbare Tischgemeinschaften. Sie braucht Menschen, die einen Platz anbieten, und Menschen, die diese Einladung annehmen.

Ein außergewöhnlicher Gottesdienst

Es ist unbeschreiblich. Sie kommen von überall her.

Die ganze Woche haben sie diesem speziellen Gottesdienst entgegengefiebert.

Alle Sorgen, Entbehrungen und Mühen in der vergangenen Woche fühlten sich leichter an mit Blick auf diesen besonderen Event.

Sämtliche Ängste und Belastungen der vergangenen Tage wurden besser ertragen, dachte man nur an den bevorstehenden Gottesdienst.

Sie nehmen lange Wege auf sich, um dabei zu sein. Aus lauter Vorfreude ziehen sie singend durch die Straßen.

Keiner will auch nur eine Minute zu spät kommen. Es ist eine heilige Zeit. Viele sind schon Stunden vor Beginn da.

Als es endlich losgeht, kennt die Freude keine Grenzen. Sie erheben die Hände, viele klatschen ungeniert.

Nicht wenige sind tief ergriffen und weinen sogar, andere wiederum hüpfen und tanzen vor Freude.

Dieser Gottesdienst verbindet. Man liegt sich in den Armen. Sie stehen treu zusammen und bekennen sich zu ihrer Liebe.

Sie schämen sich auch nicht für ihr Klatschen, für ihre Tränen, für ihren Gesang. NEIN, sie sind standhaft und treu in ihrem Glauben.

Dafür nehmen sie nicht selten sogar Angriffe in Kauf.

Mag es auch solche geben, die sie als fanatisch bezeichnen, es ist ihnen egal. Diese Gemeinde hält zusammen, gibt Sicherheit und Geborgenheit. Teil der Gemeinde zu sein, macht stark. Woche für Woche verehren sie ihren Gott, kein Weg ist ihnen zu weit, keine Kosten zu hoch.

In ihren Liedern drücken sie ihre ganze Liebe aus. Sie schämen sich nicht, lautstark zu singen. Ihr Herz gibt ihnen den Rhythmus vor, ja, sie folgen ihren Herzen.

Sie bekennen ihren Glauben durch Autoaufkleber. Sie sprechen über ihren Glauben bei vielen Gelegenheiten, am Arbeitsplatz, in der Freizeit und zuhause. Sie können nicht anders, sie folgen einfach ihrem Herzen. Es ist ihnen egal, was die Leute denken. Sie stehen zu ihrem Glauben und zu ihrer Liebe.

Woche für Woche sind sie dabei. Oft sind die Gottesdienste so überfüllt, dass draußen noch viele stehen. Keiner will etwas verpassen,

Alle wollen sie dabei sein. Groß und Klein vereint, es ist unbeschreiblich, diese Einheit. Ihre Lobgesänge sind noch weit außerhalb des Gottesdienstes zu hören. Voller Inbrunst singen sie ihre Lieder. Ihr Gott verbindet, macht stark und treibt sie an zu tanzen. Ihr Gott ist es ihnen sogar wert, angefeindet zu werden. Ihr Gott bringt sie alle zusammen: Jung und Alt, Arm und Reich, Schwarz und Weiß, Akademiker und Arbeiter, alle sind sie eins. Sie schwenken ihre Fahnen und erheben ihre Banner. Sie bekennen ihren Gott immer und überall. Es ist ihr Fußballgott. Ihre Gemeinde ist eine Fangemeinde. Ihre Gesänge sind Fangsänge.

Es ist ein ganz normales Fußballspiel in einem ganz gewöhnlichen Fußballstadion.

Erlebtes

Ich hoffe, das Durchstöbern der Schatztruhe hat dich gestärkt. Im Wort Schatztruhe sind zwei besondere Wörter enthalten: „Schatz" und „Ruhe". Ja, ich denke, wer diesen Schatz für sich entdeckt und fest im Herzen verankert hat, der findet wahrhaft Ruhe. Es könnte also sein, dass du nicht nur einen Schatz gefunden hast, sondern auch Ruhe. Die können wir bei all dem Getöse in der Welt, dem Geschrei, den Anklagen und den ganzen Streitereien doch gut gebrauchen. In der Ruhe, fern vom Lärm der Welt, dürfen wir zu Gott finden. Wir dürfen ihm nahe kommen. Erlebe es, wie es ist, in ihm zur Ruhe zu kommen.

Bei Gott allein
kommt meine Seele zur Ruhe,
von ihm kommt mir Hilfe.
Nur er ist mein Fels,
meine Hilfe, meine Burg;
darum werde ich nicht wanken
(Psalm 62,2-3).

149

Nachwort

So, das war ein kleiner Teil aus dem von mir Erlebten. Es gäbe noch viel mehr zu berichten. Wohl auch Dinge, die ich als Wunder gar nicht erkannt habe, denn eigentlich ist jeder Augenblick ein Wunder. Ein Geschenk aus der Hand dessen, der uns liebt und uns immer wieder seine Hand reicht, damit wir sie ergreifen und uns führen lassen. Er ist kein Stalker, sondern ein Gentleman, der auch unser Nein respektiert. Als er auf Erden lebte, wurde er von unzähligen Menschen abgelehnt, aber er hat sie alle genug geliebt, um diese Ablehnung zu ertragen.

Ich hoffe und bete, dass dein Herz berührt worden ist. Falls du ihn schon lieb hast, wünsche ich dir, dass deine Liebe täglich zunimmt; das wünsche ich auch mir selbst. Falls du ihn noch gar nicht kennst, so hoffe ich, dass du ihn durch dieses Büchlein ein Stück weit kennengelernt hast. Gerne formuliere ich dir zum Abschluss ein Gebet, durch das du einen Anfang mit Gott machen, ein Bündnis mit ihm eingehen kannst. Wenn zwei Menschen heiraten, wenn sie diesen unbeschreiblich wertvollen Bund eingehen, dann müssen beide „Ja" sagen. Andernfalls kommt es nicht zu diesem Bündnis, dieser Sicherheit, dieser Vertrautheit.

Mit seinem Leiden und Sterben sagt Jesus JA zu jedem einzelnen Menschen und ganz persönlich JETZT auch zu dir. Hast du ihm schon dein „Ja" gegeben? Wenn nicht, gibt es keinen besseren Zeitpunkt als

JETZT. Hier ein Gebet, das schon vielen Menschen zu einem Neuanfang verholfen hat. Wer es mit dem Herzen liest und bejaht, wird überreich beschenkt.

Lieber Jesus, leider ist mein Leben nicht so gelaufen, wie DU es für mich erdacht hattest. Ich habe in vielen Dingen Glück, Anerkennung und Zufriedenheit gesucht. Doch nirgendwo fand ich meine Erfüllung. Menschen haben mich enttäuscht und verletzt. Mit DIR will ich einen Neuanfang machen, DIR will ich vertrauen. Ich habe nun erkannt, dass nur DU mir wahren Frieden schenken kannst und dass ich nur durch DICH den Sinn des Lebens erkennen werde. Bitte vergib mir all meine Schuld. Ich weiß nun, dass ich ein KIND GOTTES bin. Bitte führe mich zu der Aufgabe, die DU für mich bestimmt hast. Ich möchte DIR danken, dass DU für meine Sünden gestorben bist und mich wahrhaftig frei gemacht hast. DU willst mir geben, was kein Mensch mir geben kann. Ich will dieses Geschenk jetzt annehmen mit dem sicheren Gefühl, dass ich für alle Ewigkeit errettet bin, weil ich durch DICH und mit DIR den Sinn des Lebens gefunden habe. Bitte zeige DU mir den Weg und bleibe bei mir alle Tage meines Lebens. Amen.

Wenn du dieses Gebet mit dem Herzen gesprochen hast, dann geht dein Abenteuer Leben erst richtig los. Ich empfehle dir dazu die drei „G".

1. Gebet: Sag ihm alles. Er weiß es zwar schon, aber miteinander reden verbindet und sich alles von der

Seele zu reden befreit. Er ist dir ständig nahe, er umgibt dich von allen Seiten. Verbring diese Nähe, diese Zeit nicht mit Schweigen.

2. *Gottes Wort:* Höre gut zu, was er dir zu sagen hat. Beginne am besten mit dem Neuen Testament und lies zuerst das Johannes-Evangelium. Höre dir Predigten an und gehe in den Gottesdienst.

3. *Gemeinschaft:* Treffe dich mit Menschen, die Gott auch lieb haben, denn *„es ist nicht gut, dass der Mensch allein sei".* Suche dir eine Gemeinde, die Jesus lieb hat, die dem dreieinigen Gott – dem Vater, dem Sohn und dem Heiligen Geist – die Ehre gibt. Gemeinde bedeutet auch Familie.

Probleme und Sorgen bleiben nicht aus, aber eines kann ich dir garantieren: „DU BIST NIE ALLEIN." Du hast nun auch eine neue Identität: DU BIST EIN KIND GOTTES. *Denn allen, die ihn aufnahmen, denen gab er Vollmacht, Kinder Gottes zu heißen* (vgl. Johannes 1,12). Es kann gut sein, dass du nun alte Freunde verlierst, aber neue werden kommen. Vielleicht wird man dich belächeln, aber es ist nicht so wichtig, was die Welt über dich und mich denkt, sondern was Gott über uns denkt. Wenn er an uns denkt, dann jubelt er vor Freude über uns (vgl. Zefanja 3,17). Seine guten Gedanken über uns sind so zahlreich wie der Sand am Meer (vgl. Psalm 139,17-18). Ja, all das steht in der Bibel drin.

Hoffentlich weißt du nun, wie sehr Gott dich lieb hat. So sehr, dass es kein Mensch beschreiben kann, *denn so sehr hat Gott die Welt geliebt, dass er seinen Sohn gab,* so sehr, ja, so sehr. So sehr hat er dich und mich persönlich lieb und er sehnt sich nach unserer Liebe.

Ich hoffe, all dies hat dein Herz berührt und bewegt. Mögest du in Bewegung kommen und dich von Gott persönlich führen lassen, wo immer du auch hingehst. Was auch immer passiert, lass dich von ihm halten und tragen. Mögest du dich stets geborgen wissen in ihm. Mögest du in den kleinen und großen Dingen stets erfahren, dass er lebt. Möge die Welt um dich herum durch dich erkennen, dass Gott lebt und uns liebt.

Gottes wunderbaren Segen wünscht dir

Dein Michael

Ich habe dich beim Namen gerufen,
du gehörst mir.
Wenn du durchs Wasser schreitest,
bin ich bei dir,
wenn du durch Ströme schreitest,
dann reißen sie dich nicht fort.
Wenn du durchs Feuer gehst,
wirst du nicht versengt,
keine Flamme wird dich verbrennen.
Denn ich, der Herr, bin dein Gott,
bin dein Retter.
Weil du in meinen Augen kostbar
und wertvoll bist
und weil ich dich liebe
(Auszug aus Jesaja 43,1-4).

- Jahrgang 1970, verheiratet, zwei Kinder
- VIP-Bodyguard (u. a. Papstbesuch 2006, Muhammad Ali)
- Gewaltpräventionsberater für TV-Sendungen (u. a. bei ARD, Sat 1, RTL, Bibel TV, Pro 7) sowie an Schulen, in Heimen, Gefängnissen, Kindergärten, Gemeinden, Internaten, Firmen usw.
- Im Rahmen dieser Projekte hat Michael Stahl schon Hunderttausende Kinder und Jugendliche unterrichtet.
- Fachlehrer für Selbstverteidigung
- Buchautor: „Vater-Sehnsucht", „Ein Bodyguard – im Auftrag des Königs", „Tränen Gottes"
- Komponist und Texter von „Feel the Power"
- Mitbegründer der bundesweiten Kampagne „Wahre Helden – Stars gegen Gewalt"
- Ausgezeichnet mit dem „WERTE AWARD"

Der Autor steht gerne für Vorträge, Projekte, Kurse usw. zur Verfügung.

Kontakt:

Michael Stahl | Bahnhofstr. 12 | D-73441 Bopfingen
Tel. (+49) (0)7362 921906
www.protactics-stahl.de
info@protactics-stahl.de

Management:

Hilda Kaufmann | Tel. (+49) (0)152 299 09 464

Weitere Bücher und Hörbücher von Michael Stahl

MutMacherKiste

Aufstehen – Lieben – Kämpfen – Siegen

114 Seiten, Wire-O-Bindung, vollfarbig

Michael Stahl – der MutMacher in Person – hat seine wichtigsten Erfahrungen der letzten Jahre zusammengetragen: viele faszinierende Geschichten über Wunder und Vergebung, die tief berühren. Der Grafiker Rainer Zilly hat daraus ein kurzweiliges, ästhetisches und praktisches MitMach-Buch gestaltet – eine Fundgrube für alle, die neuen Mut brauchen, anderen Mut machen wollen oder gerne einfach interessante Geschichten und Berichte lesen.

Vater-Sehnsucht

120 Seiten, Pb.

Immer mehr Kinder wachsen in dieser Welt ohne Vater auf. Was wird aus diesen Kindern? Der Vater ist der erste Held im Leben eines Kindes. Dieser mächtigste Mensch der Welt kann Wunden schlagen und sie auch heilen.

Michael Stahl, lässt uns an der Entstehung und dem Heilungsprozess seiner eigenen Vaterwunden teilhaben. Und er berichtet, was er erlebt, wenn er in Schulen, Heime, Gefängnisse oder Firmen geht und dort Menschen hilft, sich miteinander zu versöhnen. Das Buch ist eine Schatzgrube für alle auf der Suche nach Wurzeln, Identität und Wahrheit.

Dieses Buch ist auch als Hörbuch erhältlich:

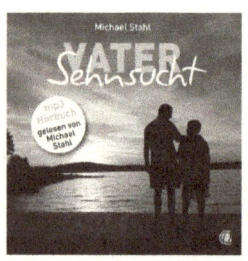

Vater-Sehnsucht (Hörbuch)

Gelesen von Michael Stahl,
137 Minuten, MP3-CD

Michael Stahl / Klaus Hettmer

Deine Sehnsucht nach dem Paradies

Dieses Buch beschreibt die menschliche Ursehnsucht nach wahrer Liebe, bedingungsloser Annahme und echtem Frieden, kurz gesagt – deine Sehnsucht nach dem Paradies.

Diese Sehnsucht hat Gott, der Schöpfer, in das Herz eines jeden Menschen hineingelegt, da er ihn als sein Gegenüber erschaffen hat. Gott nahe zu sein, ist unser Glück. Ohne Gott sind wir im wahrsten Sinne des Wortes verloren und der Herrschaft von Lüge, Gewalt und Hass hilflos ausgeliefert, die durch unsere Rebellion gegen Gott in die Welt gekommen ist.

Gott aber hat von Ewigkeit her einen anderen Plan für uns. Er will uns das verlorene Paradies wieder zugänglich machen. In Jesus Christus hat er den Teufelskreis menschlicher Schuld und Sünde durchbrochen und alles dafür getan, dass sich Gottes Plan erfüllt. Ein Plan, der uns Zukunft und Leben gibt.

Verbranntes Männerherz

Auf der Suche nach Männlichkeit (Roman)

Joe, der alles hat, was ein moderner Mann haben sollte, zweifelt an sich und seiner Männlichkeit. Auf der Suche nach Sinn begibt er sich auf eine abenteuerliche Reise.

Er begegnet einem mysteriösen Fremden, der ihm alle Fragen beantwortet, die ihn jahrelang gequält haben. Joe fängt an, an Gott zu glauben und ihn zu lieben. Unfassbare, unerklärliche und wunder-bare Dinge geschehen. Wagen Sie mit ihm einen Blick in den Himmel.

Dieses Buch ist auch als Hörbuch erhältlich:

Verbranntes Männerherz (Hörbuch)

Gelesen von Daniel Kopp,
175 Minuten, MP3-CD

Weitere Produkte von GloryWorld-Medien

Wayne Jacobsen, Geliebt!

Tag für Tag in der Zuneigung des himmlischen Vaters leben, 240 S., Paperback

Jeden Tag ein Leben zu führen, in dem wir völlig sicher sind, dass wir bedingungslos von Gott geliebt sind – ist das wirklich möglich, und wie sieht das konkret aus?

Wayne Jacobsen bringt uns Schritt für Schritt nahe, wie tief die Liebe Gottes zu uns wirklich ist: Wir sind nicht zu Sklaven, sondern zu Söhnen und Töchtern berufen. Die liebevolle Zuneigung unseres Vaters im Himmel gilt uns in allen Umständen. Wir erfahren eine lebendige Beziehung zu ihm, die uns von der Qual der Scham befreit und uns so verändert, dass wir als seine Kinder leben können.

Danny Silk
Erziehung mit Liebe und Vision

Herzensbeziehungen eingehen statt Machtkämpfe austragen; 170 S., Pb.

Danny Silk fordert uns in unserem bisherigen Denken über Liebe, Disziplin und Respekt, ja in unserer generellen Vorstellung von Kindererziehung heraus. Er stellt eine Denk- und Lebensweise vor, die eine Leichtigkeit und Frieden in unsere familiären und sonstigen Beziehungen bringt.

Arnd Kischkel
Auf Gottes Stimme hören

96 Seiten, Paperback

Wenn wir jemand gern haben und die Beziehung zu ihm vertiefen wollen, was tun wir dann? Ganz klar, wir reden mit ihm oder ihr und suchen das Gespräch: Wir hören zu, fragen nach und wollen uns mitteilen. Genauso ist es auch bei Gott: Weil er uns liebt und eine persönliche Beziehung zu uns haben will, redet er mit uns.

Wenn wir auf Gott hören, öffnen wir uns für seine Gegenwart und sein Wirken. Im Gespräch mit ihm schließen wir uns an seine Kraft und das Leben in Fülle an, das er uns verheißt.

Jim Montgomery

Ich lasse mein Licht leuchten

Wie Gottes Liebe zu meinen Nachbarn kommt;
96 S., Paperback

Wie können wir unseren Mitmenschen das Licht Jesu so bringen, dass sie Interesse am Glauben bekommen?

Anhand des Beispiels Jesu und seiner eigenen praktischen Erfahrungen zeigt Jim Montgomery auf, dass wir alle, ob jung oder alt im Glauben, unkompliziert und natürlich unseren Nachbarn ein Licht sein können.

Michele Perry, Liebe hat ein Gesicht

Abenteuer mit Jesus im Krisengebiet des Sudan – auf einem Bein!; Vorwort von Heidi Baker; 220 S., Paperback

Ohne linke Hüfte und linkes Bein geboren, ist es für Michele Perry „normal", das Unmögliche zu erleben. Als Gott ihr den Auftrag gab, in den vom Krieg verwüsteten südlichen Sudan zu gehen und dort ein Waisenhaus zu eröffnen, hielten sie alle für verrückt. Aber sie erlebte Gottes Treue wie nie zuvor: Er führte sie in einen entspannten Lebensstil des Geliebtseins hinein, in dem alles möglich wird und Wunder zum Alltag gehören, ob es um seelische oder körperliche Krankheiten, mangelnde Ressourcen, Bedrohungen durch Kriminelle oder ihre eigenen Unzulänglichkeiten geht.

Benjamin von Deyen

Einfacher glauben

... und 24 Fehler, die das verhindern
104 Seiten, Paperback

Aufgrund seiner Erfahrung in unterschiedlichen Gemeinden hat der Autor das Anliegen, uns von unnötigem Ballast und theologischen Irrtümern in unserem Glaubensleben zu befreien.

In 24 Kapiteln geht er auf Grundlage seiner eigenen Geschichte authentisch und ehrlich auf die jeweilige Problematik ein und zeigt biblische Lösungen auf. Es wird klar, dass ein aufrichtiges Glaubensleben nicht von anderen Menschen abhängig ist, sondern dass in der Einfachheit des Glaubens die Freiheit zu finden ist.

Silvan und Melanie Carabin
Gott sucht Freunde!
Erfüllt und siegreich leben in seiner Gegenwart; 128 S.

Silvan und Melanie Carabin zeigen auf, wie unkompliziert eine Freundschaft mit Gott sein kann. Ein Leben in und aus seiner Gegenwart führt zur wahren Freiheit und zu dem Leben, für das wir Menschen wirklich bestimmt sind. Auch schwierige Zeiten können wir dann siegreich durchstehen.

Heiderose Hofmann
Vertrau mir, mein Kind!
Alleinerziehend im Licht der Bibel, 160 S., Pb.

Viele alleinerziehende Eltern fühlen sich – selbst unter Christen – in ihrer Problematik häufig allein gelassen. Da die Autorin selbst mit dieser Problematik konfrontiert war, lernte sie mit der Zeit, Gott in ihre Situation mit hineinzunehmen. Er offenbarte ihr Schritt für Schritt sein Herz für die Alleinerziehenden.

   Das Buch hilft Betroffenen, Heilung zu finden und mit ihrer Situation zurechtzukommen, und enthält eine Anleitung zum Aufbau von Gruppen für Alleinerziehende.

Dutch Sheets
Dein Herz soll wieder schlagen
Wie Gott neue Hoffnung in unser Leben haucht; 160 S.

Unerfüllte Hoffnungen und Wünsche können unser Herz emotional oder geistlich genauso krank machen wie physische Herzkrankheiten. Ja, sie haben die Macht, unsere emotionalen Herzen auszuschalten und unsere Fähigkeit, die Zukunft im Glauben und voller Zuversicht anzugehen, zu zerstören. Dutch Sheets erläutert, wie wir davon geheilt werden können.

Bestellen Sie in Ihrer Buchhandlung oder direkt beim Verlag:

GloryWorld-Medien | Beit-Sahour-Str. 4 | 46509 Xanten
Fon: 02801-9854003 | Fax: 02801-9854004 | info@gloryworld.de

Aktuelles, Leseproben, Downloads & Shop: **www.gloryworld.de**